CONTRE LE COLONIALISME NUMÉRIQUE

Du même auteur en français

La Philosophie du son (avec Jérôme Dokic),
Nîmes, Jacqueline Chambon, 1994.

La Découverte de l'ombre. De Platon à Galilée, l'histoire d'une énigme qui a fasciné les grands esprits de l'humanité,
Paris, Albin Michel, 2002.

39 petites histoires philosophiques d'une redoutable simplicité
(avec Achille Varzi), Paris, Albin Michel, 2005.

Roberto Casati

CONTRE LE COLONIALISME NUMÉRIQUE

Manifeste pour continuer à lire

Traduit de l'italien
par Pauline Colonna d'Istria

Albin Michel

Collection « Bibliothèque Albin Michel Idées »
dirigée par Hélène Monsacré

Édition originale en langue italienne parue sous le titre
CONTRO IL COLONIALISMO DIGITALE
chez Gius. Laterza & Figli, Roma-Bari, 2013

Publié avec l'accord de Marco Vigevani Agenzia Letteraria

Avertissement

J'ai librement utilisé, avec de nombreuses réécritures, quelques-unes de mes interventions dans le supplément dominical du *Sole 24 Ore* ces dix dernières années ; un court texte publié dans S. Coyaud, M. Merzagora, *Parigi*, Novara, De Agostini, 2005.

Tous les sites mentionnés ont été consultés en mai 2013.

Pour l'édition française, le texte a été remanié et enrichi par rapport à l'original italien.

Introduction

La montagne magique

Je devais avoir seize ou dix-sept ans. Un samedi après-midi, nous étions partis avec deux amis à l'Alpe Devero, au-dessus de Domodossola, avec l'intention d'y passer la nuit et de pousser le lendemain jusqu'à l'Alpe Veglia – traversée classique des Alpes occidentales. Le refuge était complet. Le gérant nous confia les clés d'une de ces nombreuses cabanes que l'on apercevait, disséminées, sur le haut plateau, et qui appartenait à l'un de ses amis. Nous nous sommes mis en route après dîner, dans une atmosphère de mystère et d'aventure. Le soir déclinait rapidement et il fallait faire bien attention en traversant prés et torrents dans l'obscurité. Après avoir franchi la porte trop basse, nous avons allumé la lumière et une curieuse ampoule a répandu sa faible lueur.

Surprise !

Cela n'avait rien à voir avec le décor montagnard habituel. Le chalet était tapissé de livres du sol au plafond. Partout des étagères combles, et des livres empilés sur les chaises, sur la table et même sur les lits, qu'il nous fallut débarrasser avec mille précautions pour installer nos sacs de couchage. Des éditions bon marché pour la plupart – feuilletées, froissées, annotées. Un lecteur acharné habitait ces lieux.

Que pouvions-nous faire? Nous passâmes la nuit à lire, aussi intimidés qu'exaltés par la découverte de ce trésor. Il était impossible de se soustraire à l'injonction d'un tel chalet, comme si nous n'avions pas le choix. Ce fut probablement à cette occasion que je fis mienne la réponse de Böll à la question « Mais qu'allons-nous faire de ce garçon ? » :

« Quelque chose en rapport avec les livres[1]. »

Certes, j'étais déjà un grand lecteur. Avec deux tantes qui enseignaient le grec et le latin, la maison de mes grands-parents – une villa austère de style humbertien à la lisière de la ville, tout près du Canale Villoresi qui marquait alors le début de la campagne – comptait nombre d'étagères en bois blanc laqué débordant de livres. Un des bureaux, celui de ma tante Maria Casati, sentait bon la bibliothèque municipale : une odeur de papier qui tombe en poussière, adoucie par le parfum de vieux cuir d'une selle de chameau rapportée d'un voyage au Levant, et la fumée légère d'une Lucky Strike. J'étais toujours – toujours ! – le bienvenu dans cette grande pièce lumineuse

1. Heinrich Böll, *Mais que va-t-il devenir, ce garcon ?*, trad. Éliane Rosenberg, Paris, Seuil, 1981.

du rez-de-chaussée, malgré le passage continu d'étudiants qui venaient prendre des leçons et réciter leurs déclinaisons. Je m'enfonçais dans un fauteuil, et je lisais. Sur la petite table était posé un coupe-papier à l'aide duquel il fallait parfois massicoter les pages de quelque vieille édition. Les mots qu'on entrevoyait paraissaient être imprimés là pour le seul plaisir d'être imprimés – que personne ne les ait jamais lus ne semblait avoir aucune importance. Mots absolus, mots éternels, dont il valait peut-être mieux laisser à d'autres le soin de les découvrir, dans une centaine, voire un millier d'années. Le bruissement cadencé de la page coupée peu à peu accompagnait la découverte d'un petit monde.

Pause.

À ce stade, vous devez avoir l'impression de tenir entre les mains une énième apologie du bon vieux livre. Des feuilles bruissantes… et même un coupe-papier ! On n'exagérerait pas un peu ? Mais permettez-moi de poursuivre encore dans cette voie. Nous en viendrons plus tard à d'autres sujets, qui nous feront entrevoir un problème plus large et qui ne concerne pas uniquement les livres. Pour l'instant, continuons ainsi.

Il y avait aussi les déménagements familiaux, organisés autour d'un rituel très élaboré de préparation de cartons de livres : confectionner, remplir, étiqueter, transporter, vider, ranger. Mon premier achat pour la première pièce où je vécus seul fut une bibliothèque à cinq étagères ; mon dernier achat, effectué hier après-midi, est un livre. Qu'on lise beaucoup ou très peu dépend en grande partie du hasard, du fait d'avoir été entouré de lecteurs dès l'enfance, d'avoir eu des maîtres et des professeurs qui savaient faire vivre un texte, de sa propre curiosité, d'accidents de parcours. Ou du fait de vivre dans un monde où beaucoup de gens lisent.

Dans son livre aussi profond qu'hilarant, *Were You Born in the Wrong Continent?*, Thomas Geoghegan raconte l'excitation et la frustration d'un juriste américain, expert en droit du travail, en voyage dans l'« État social allemand »[1]. Chez lui, l'avocat défend les cols bleus qui s'amputent absurdement de leurs droits et des protections qui leur reviennent en laissant élire ceux qui les spolieront. Geoghegan met en évidence les multiples causes de l'apathie, voire de la docilité de la classe ouvrière de son pays, en nous offrant une image saisissante : un train, aux heures de pointe, où personne ne lit ; tout le monde regarde dans le vide, d'un air absent. Quelqu'un qui lit peu, s'informe peu, participe peu, ne vote pas, se laisse écraser. Au contraire, les trains allemands décrits par Geoghegan voyagent dans une tout autre direction spirituelle : tous les voyageurs lisent, que ce soit un livre, un journal ou un prospectus. Cette écologie de la lecture conduirait directement au modèle de la cogestion, où les travailleurs siègent aux conseils d'administration des entreprises.

On trouve aussi dans le livre de Claudia Cucchiarato, *Vivo altrove*[2], un passage extraordinaire où deux jeunes Italiens visionnent un film tourné par un groupe d'amis dans une gare parisienne. De tous côtés, on aperçoit des gens en train de lire ; les deux garçons n'en croient pas leurs yeux et pensent qu'il s'agit de figurants. Mais je confirme, et j'irais même plus loin : l'âme du Quartier latin se révèle à qui lève seulement un peu la

1. T. Geoghegan, *Were You Born in the Wrong Continent?*, New York, The New Press, 2010.

2. C. Cucchiarato, *Vivo altrove*, Milan, Bruno Mondadori, 2010.

tête vers le premier étage des immeubles, pour regarder à l'intérieur des appartements, qui ont rarement des rideaux, et jamais de persiennes ni de stores. Les fenêtres absorbent au maximum la faible luminosité pour faciliter la vie aux habitants du quartier qui sont, avant tout, des lecteurs. Et, de fait, on aperçoit des livres partout, sur les étagères, les bords et les rebords, en piles bancales, éclairés par la lumière oblique d'un abat-jour, cachés derrière un fauteuil dans lequel, parfois, quelqu'un s'endort en lisant. Il m'arrive souvent de rêver que les livres envahissent les rues, glissent le long des ruelles en pente, s'amoncellent dans les coins. Les lecteurs se pencheraient pour ramasser un roman, un essai, et s'assiéraient sur le trottoir pour le feuilleter.

Ce ne sont pas les lumières bleutées des téléviseurs, toujours plus grands et toujours plus plats, que l'on aperçoit le soir à travers les vitres des maisons, mais les reflets jaunes et silencieux des lampes de chevet. Les vieilles dames et les jeunes filles seules s'endorment un livre ouvert entre les mains. L'été y est moins apprécié que l'hiver parce que les soirées sont plus courtes, et essentiellement inutiles. Certains adorent l'heure d'été parce qu'elle permet d'être au frais quand on court après les balles sur un terrain de tennis, mais ici ne résonne que l'écho lointain des rebonds. Les soirées d'hiver commencent tôt, et on peut même lire avant le dîner.

Je peins un monde de lecteurs et de lectures, un océan où je navigue avec des millions d'autres personnes. Et pourtant je suis moi-même presque surpris par ce tableau. Comme s'il portait en lui un présage, une menace qui rôde.

La lecture est menacée ; on nous la vole. Parfois même, on nous l'interdit. J'ai été frappé, il y a quelques années, par une chronique de Giorgio Bocca, journaliste et écrivain italien qui fut l'un des fondateurs du quotidien *La Repubblica*, où il se plaignait de ce que les chambres d'hôtel n'étaient pas aménagées pour lire ou pour écrire : lumière trop faible ou trop forte, absence de bureau. Lumière, et encore lumière, et puis silence ; les usagers du métro parisien ont demandé plus de lumière, non pour vaincre la criminalité – quasi inexistante – mais pour pouvoir lire. Quand on prend un bus *low cost* – de ceux qui desservent les aéroports secondaires –, on doit souvent se battre avec une ampoule cassée et supporter la radio à plein volume ; et sous les marquises des gares italiennes, il est désormais impossible, je ne parle même pas de lire, mais de discuter, à cause des écrans publicitaires, toujours plus vociférants, qui tournent en boucle. Notre compagnon de voyage qui, casque enfoncé sur les oreilles, regarde un film sur une tablette à l'écran rétro-éclairé, n'aurait-il pas sur nous un avantage darwinien ?

Peut-être bien que si. Le chapitre manquant est incroyablement bref. Il couvre une histoire d'une trentaine d'années à peine, elle aussi commune à tous, et dont l'ordinateur est le protagoniste. Il ne s'agissait à l'origine que d'une machine à écrire un peu plus efficace, capable de nous enchaîner au travail beaucoup plus longtemps qu'on ne croyait, et, rétrospectivement, bien plus longtemps que nécessaire. L'ordinateur nous a débarrassés des photocopies, ce qui a permis de libérer de la place chez soi pour d'autres volumes, mais il a érodé le temps de la lecture, ou plutôt le temps de la lecture de livres. La convergence des médias a fait le reste. Presque sans nous en rendre compte, nous nous sommes mis à lire sur écran, puis à faire des recherches bibliographiques, à téléphoner, à essayer de faire de l'exercice avec la Wii, à jouer, à remplir des formulaires, à acheter, à « tagger », à créer des *playlists*, bref, à déléguer un grand nombre d'activités, et notamment celles au cours desquelles s'élabore l'information, à une interface composée de pixels lumineux. Une grande partie de ces activités rivalisaient par elles-mêmes avec la lecture de livres ; le gain de temps tant vanté nous a donc laissé croire que nous étions désormais plus disponibles pour le papier imprimé. Mais le tout-en-un, la centralisation, le monde-dans-l'écran dans-une-pièce dans-sa-poche ont conduit à une synergie des activités : une minute de pause dans l'une, et nous voilà déjà investis dans une autre. Ça sonne : un message est arrivé, les infos nous tombent dessus en temps réel, nous sommes abonnés aux *feeds*, les mises à jour des logiciels clignotent, on reçoit de toutes parts des demandes insistantes de nouveaux « amis » ; à cette occasion, notre espèce s'est découvert un nouveau trait de caractère, qui, au fond, ne nous facilite pas la vie : nous sommes devenus « informavores ».

Lire un livre aujourd'hui signifie-t-il rivaliser avec les pixels lumineux, s'en protéger ? Ou, au contraire, adhérer pleinement au nouveau visage technologique ? Depuis des années, on nous serine des prophéties mirobolantes sur la fin du livre et ses réincarnations. Un saut qualitatif commence à s'imposer. En étant fascinés, ou horripilés, par la technologie, nous risquons de ne pas le percevoir. D'énormes chaînes de distribution (Apple, Amazon, Google) disposent d'une horde de robots infatigables et hyperintelligents qui lisent ce que nous lisons, qui nous conseillent, bénévolement, de lire ce que lisent les autres personnes « comme nous », et qui tentent de coloniser nos maisons et nos écoles avec des appareils qui ressemblent aux ordinateurs auxquels nous étions habitués – en plus performants, plus faciles à utiliser et en plus beaux –, mais qui, de fait, sont décrits pour ce qu'ils sont vraiment : des vitrines de mégastores à la recherche d'acheteurs compulsifs. Certains éditeurs, dont le *business plan* idéal est, au fond, de vendre un seul et unique titre à tous les habitants de la planète, déplacent leur production vers les supermarchés, font des lancements promotionnels de titres que le public sélectionne dans des laps de temps extrêmement brefs, et envoient au pilon les livres moins chanceux après quelques semaines. (Optimiser, réduire les coûts, ne cueillir que les fruits « mûrs et à portée de main ».) Les éditeurs universitaires publient de moins en moins de monographies spécialisées. Les écoles et les universités sont en train d'oublier les livres. Et si la tante Maria lisait aujourd'hui Hérodote sur son iPhone, serait-elle vraiment un exemple pour son neveu ? Qui nous dit qu'elle n'est pas plutôt en train de faire un sudoku ?

Le colonialisme numérique

Le colonialisme numérique est une idéologie qui se résume à un principe simple, une conditionnelle : « Si tu peux, tu dois. » S'il est possible de faire qu'une chose ou une activité migre vers le numérique, alors elle *doit* migrer. Les colons numériques mettent tout en œuvre pour introduire les nouvelles technologies dans tous les domaines de notre vie, de la lecture au jeu, de l'enseignement à l'assistance et à la prise de décision, de la communication à la planification, de la construction d'objets à l'analyse médicale. La thèse colonialiste est tenue pour acquise par les colons qui en apprécient la simplicité : elles est absolument générale étant donné qu'elle s'applique indifféremment à n'importe quel objet ou à n'importe quelle activité. Facile à retenir, difficile à contester. Celui qui s'oppose au colonialisme numérique se voit très vite rangé dans la catégorie des « luddistes[1] », des destructeurs de machines, de tous ceux qui ne savent pas vivre avec leur temps. Pour les colons, il ne devrait même pas y avoir de débat.

De fait, en niant une thèse conditionnelle, on adopte nécessairement une position plus fragile, plus ouverte à la négociation. Celui qui s'oppose au colonialisme ne dit pas pour autant que les choses ou les activités non numériques ne doivent *jamais* opérer de migration numérique : il invoque le principe de précaution. Il dit seulement que la migration n'est pas une obligation qui découlerait de la simple possibilité de la migration, mais que celle-ci doit être accompagnée, parce que, laissée à elle-même, elle tend à devenir trop envahissante. Il ne suffit pas de montrer qu'un livre électronique fonctionne pour imposer le livre électronique comme support universel de lecture et d'étude à l'école. L'anticolonialiste n'est pas un luddiste, et il n'est pas non plus contre le numérique. Dire que l'on est contre le numérique n'a, en réalité, aucun sens ; ce serait comme dire que l'on est contre l'électricité. S'opposer au colonialisme est autre chose, parce que le colonialisme est une idéologie. S'opposer au colonialisme linguistique ne signifie pas être l'ennemi d'une langue. On peut n'avoir rien contre l'Espagne et refuser, en même temps, le colonialisme espagnol.

Mettons donc d'emblée les choses au clair : je ne suis pas un luddiste. Je ne suis pas allergique au numérique en général. Il

1. Le luddisme renvoie à la lutte des artisans anglais contre les manufacturiers défendant l'emploi de machines dans le travail de la laine et du coton dans les années 1811-1812. Le terme sert aujourd'hui à désigner tous ceux qui s'opposent aux technologies. *(NdT)*

m'arrive très fréquemment d'utiliser les nouvelles technologies, et je dirais même qu'elles me sont indispensables dans beaucoup de mes activités. Je conçois des parcours d'apprentissage à partir des nouvelles technologies. Ce n'est donc pas au numérique ni aux nouvelles technologies que je m'oppose. Je m'oppose au colonialisme numérique.

L'anticolonialiste a parfaitement le droit de revendiquer une attitude positive et constructive : la légitimité de la migration vers le numérique doit être établie au cas par cas ; elle en appelle à des interprétations créatives, et c'est précisément ce que nous tenterons de faire dans ce livre. Dans certains cas, on le sait, la numérisation a été émancipatrice, dans d'autres non. D'un côté, nous verrons que la photographie s'est affranchie et qu'elle est devenue, grâce au numérique, ce qu'elle aurait toujours dû être, à savoir un moyen de prendre des notes visuelles. D'un autre côté, en revanche, nous verrons que le vote électronique, et en particulier le vote en ligne, présente d'inévitables risques de contrôle social et de manipulation, et qu'il devrait être banni *sine die* des institutions démocratiques. Entre ces deux extrêmes, il existe toutefois un vaste espace de négociation au sein duquel les cas particuliers méritent discussion – discussion gangrenée par la répétition obsédante du mantra colonialiste, quand elle n'est pas, hélas, totalement absente.

La géolocalisation ouvre d'immenses possibilités, mais ne comporte-t-elle pas en même temps d'immenses risques pour la sécurité individuelle ? Le partage instantané, et sans discernement, de la vie privée a des avantages, mais n'expose-t-il pas les citoyens à des formes subtiles d'agression commerciale et politique ? L'éducation peut-elle tirer profit des nouvelles technologies ou détruit-elle par là le capital de temps et d'attention structurée que l'école devrait au contraire s'efforcer de protéger ? Nos choix individuels ne sont-ils pas de plus en plus conditionnés par ce que nous proposent les algorithmes ? Le simple fait que ces questions puissent être soulevées montre que l'on peut rejeter l'*idéologie* colonialiste sans, à l'évidence, rejeter le numérique. Je le répète : ne pas être colonialiste ne veut pas dire être luddiste.

Les colons et les colonialistes qui se cherchent une caution intellectuelle ont à portée de main toute une armada d'arguments à opposer à ceux qui contestent le « si tu peux, tu dois ». Destinée à nous étourdir, cette cascade de ripostes devrait au contraire être perçue pour ce qu'elle est : une tentative pour compenser l'absence de qualité des arguments par leur quantité. Dans l'ordre : les nouvelles technologies auraient des pouvoirs quasi magiques pour résoudre les vieux problèmes sociaux, au premier rang desquels la politique (à en croire les différents Partis Pirates, et les nouveaux mouvements politiques, mais également Diebold, le principal producteur de distributeurs automatiques et de machines à voter), et l'éducation (à en croire Prensky, l'inventeur de la formule de « natifs numériques »). Ou bien : les nouvelles technologies sont divertissantes en soi et plus divertissantes encore que leurs ancêtres (à en croire Google Mail) ; elles créent du produit intérieur brut et de l'emploi (à en croire de nombreux ministres ces dernières années) ; elles permettent une mesure objective des résultats obtenus dans l'éducation (à en croire la Commission européenne) ; à présent, tout le monde les utilise, alors qui es-tu, toi, pour t'y opposer (amis et collègues qui déplorent votre absence sur Facebook) ? Si cela ne suffit pas, on nous sort qu'elles fonctionnent à merveille – comme si c'était un véritable argument –, au sens où « on a pu réparer tous les *bugs*». Et en dernier recours, si d'aventure elles ne fonctionnaient pas, on nous dira qu'« on peut toujours trouver le moyen de les réparer». L'*hybris* n'économise pas ses mots : de nouveaux termes apparaissent comme « *multitasking* », « natifs numériques » ou « lecture numérique », qui confèrent à ces arguments une aura scientifique.

Vu le déploiement de moyens rhétoriques, il est clair qu'il ne suffit pas de travailler au cas par cas : il faut évaluer, pour chaque cas, les nombreux et divers arguments mobilisés. Il n'est évidemment pas possible de faire un travail aussi approfondi dans un livre comme celui-ci, qui choisit de se concentrer sur un domaine précis à l'intérieur de ce territoire disputé, luxuriant et alléchant *Far West* vers lequel s'élancent au galop les caravanes des colons soulevant sur leur passage d'énormes nuages de poussière. C'est pour cette raison que le cas du livre et celui de l'école me paraissent absolument fondamentaux. Il est, me semble-t-il, essentiel de montrer que si nous réussissons à négocier de façon satisfaisante l'espace que l'école consacre à la lecture dans un contexte où celle-ci se trouve menacée par le numérique, alors nous aurons créé un précédent important pour négocier d'autres types de migration. C'est pour cela aussi que je tiens d'emblée à préciser que s'il m'arrive d'aborder dans ce livre des sujets liés à la colonisation numérique qui sont d'une extrême actualité, je ne les évoquerai que pour autant qu'ils permettent de cerner notre sujet principal : la survie et l'enseignement de la lecture approfondie. Même l'exemple du vote en ligne, sur lequel je m'arrêterai assez longuement, sert un projet plus général. Il est important de comprendre pourquoi on ne devrait jamais voter à des élections administratives ou politiques avec un smartphone ; et il est important aussi de comprendre qu'il n'y a pas de solution technologique à ce problème. Il faut montrer, en effet, qu'il existe des situations où les comportements induits par le numérique sortent de la sphère du numérique et qu'ils affectent nos pratiques en dehors de cette sphère.

Aussi ne traiterons-nous pas, sinon incidemment, de la cécité qui est la nôtre face à l'importance de la circulation des données personnelles[1], des garanties pour la vie privée[2], de l'abus de contrôle et de la censure[3], du prétendu abrutissement qui découlerait de la navigation tous azimuts sur Internet[4], de l'érosion de la pensée et du souffle de la vie sous la pression devenue insoutenable des gadgets numériques[5], de la façon dont d'énormes intérêts commerciaux des grandes entreprises du secteur ont créé l'illusion d'un monde simple, pacifié et à portée de main. Ce sont des sujets très importants auxquels d'autres auteurs ont consacré de nombreux travaux ces dernières années ; ils apparaîtront en toile de fond de la discussion, mais ne constituent pas l'objet de ce livre.

Nous privilégierons, au contraire, une dimension que d'aucuns pourraient trouver inhabituelle. J'utiliserai à ce propos

---

1. J.-G. Ganascia, *Voir et pouvoir : qui nous surveille ?*, Paris, Le Pommier, 2009.

2. L. Andrews, *I Know Who You Are and I Saw What You Did : Social Networks and the Death of Privacy*, New York, Free Press, 2012.

3. E. Morozov, *The Net Delusion : The Dark Side of Internet Freedom*, New York, PublicAffairs, 2011.

4. N. Carr, « Is Google Making Us Stupid ? », *The Atlantic*, 1er juillet 2008, http://www.theatlantic.com/magazine/archive/2008/07/is-google-making-us-stupid/306868/

5. F. Schirrmacher, *Payback*, Munich, Karl Blessing Verlag, 2009.

un terme particulier, « *design* », au sens général de conception, de projet[1]. La plupart des problèmes auxquels nous sommes confrontés sont des problèmes de *design*. L'apprentissage est le résultat d'un *design* – doit-on placer les étudiants derrière des bancs d'écolier ou les laisser libres de s'installer où ils veulent ? Doit-on les autoriser à utiliser la calculette ? L'interface d'un ordinateur ou d'une tablette, la façon dont certaines options par défaut finissent par aller de soi, tout cela relève de choix de *design*.

Le livre papier a son propre *design*, conçu non seulement pour communiquer des informations, mais aussi pour protéger l'attention, et j'essaierai de montrer comment ces caractéristiques – la matérialité, la linéarité – influencent non seulement la lecture approfondie, mais aussi la façon dont les livres sont conçus et élaborés par leurs auteurs pour aider le lecteur à les suivre dans un parcours passionnant et difficile. La migration vers le numérique n'est pas du genre tout ou rien. Il n'est pas du tout certain que la lecture doive se déplacer sur des supports numériques, comme il n'est pas certain non plus que l'on doive lire toujours et uniquement des livres papier. Cela dépend du contexte. Mais le contexte scolaire est fondamental parce qu'il est aussi le cadre à l'intérieur duquel on apprend à lire. Je parle de la lecture approfondie, de l'exercice qui consiste à se confronter à un texte long et complexe sans perdre le fil, en comprenant ce qu'on lit et en réussissant, éventuellement, à le restituer. La lecture approfondie ne vient pas naturellement : on doit apprendre à la pratiquer, et une fois apprise, il faut encore la protéger.

1. Un sens un tantinet plus large que celui que Jacques Toubon avait à l'esprit quand il suggéra de traduire « *design* » par « stylique ».

1.

L'atout du livre dans la tempête numérique

Qu'est-ce qui a changé au juste ?

Faisons un bond en arrière dans le temps. À l'aube du nouveau millénaire, j'avais spéculé sur l'avenir du livre électronique[1]. J'avais soutenu que le livre électronique ne parviendrait pas à s'imposer ou à remplacer le livre papier, mais pour des raisons un peu différentes de celles généralement avancées par les conservateurs et contre les arguments mis en avant par les futuristes. Le fait qu'on lise aujourd'hui de plus en plus sur Kindle, Nook ou iPad – quoique à un degré moindre par rapport à ce qui était annoncé – suffit-il vraiment à invalider l'hypothèse ? Je voudrais revenir brièvement sur mon argument pour voir s'il est

1. R. Casati, « Ce que l'Internet nous a appris sur la vraie nature du livre » présenté au colloque en ligne Text-e, et republié dans G. Origgi, *Text-e. The Future of Text in Internet*, Londres, Palgrave, 2006.

pertinent, et en quel sens. Cela nous permettra de comprendre certains éléments importants.

Les objections traditionnellement mises en avant contre la possibilité de transférer au livre électronique la production papier renvoient à plusieurs facteurs :

– On peut arracher la page d'un livre et l'envoyer à un ami.
– Si un livre tombe, il ne s'abîme pas.
– Un livre ne risque pas de se décharger au milieu du chapitre quatre.
– Le « fonctionnement » d'un livre repose uniquement sur le lecteur ; il n'y a pas de mise à jour à effectuer.
– Un livre est ergonomiquement parfait : fait pour l'œil et pour la main, c'est un type d'objet qui ne vieillit pas ; et, de fait, il n'y a pas eu, en quatre cents ans, de grandes innovations.

À l'inverse,

– Le livre électronique ne peut être démonté sans que cela nuise gravement à sa fonctionnalité.
– Parce qu'il relève de la haute technologie, il est sujet à différents risques d'interruption ou de détérioration de son fonctionnement.
– Le matériel informatique *(« hardware »)* du livre électronique et le format des textes peuvent changer très rapidement (il suffit de penser aux transformations que les ordinateurs et les documents « .doc » ont connues ces dix dernières années).

Récemment, on a même invoqué l'insoutenabilité écologique du livre papier – une cible facile quand on considère la soutenable légèreté des électrons… Il n'existe pourtant aucune étude concluante à ce sujet, sinon des estimations approximatives, et il me semble qu'il ne faut pas sous-évaluer les facteurs cachés. L'utilisation toujours plus répandue et massive du *« cloud computing »* (stockage de données et exécution de programmes à distance à partir de serveurs dont votre ordinateur, ou la liseuse d'un livre électronique, n'est qu'un terminal) présente des coûts énergétiques énormes : même si Google prétend utiliser « seulement » un dixième de millier[1] de l'énergie mondiale (de *toute* l'énergie consommée dans le monde entier), ce sont les coûts de la connexion Wi-Fi qui sont désormais une véritable source de préoccupation[2]. Sans compter que le livre papier ne nécessite que des matériaux naturels et qu'il permet de séquestrer le carbone pendant des centaines d'années, alors que les premiers livres électroniques que vous avez achetés, mettons il y a une dizaine d'années, vous les avez lus sur cinq ordinateurs différents, dont quatre ont fini à la poubelle et contiennent tout un tas de produits toxiques[3].

Ces détails, quoique intéressants, masquent des problèmes auxquels il m'a semblé que l'on ne prêtait pas suffisamment attention. Il fallait, à mon sens, déplacer le débat vers le rôle que jouait le livre électronique dans la chaîne des relations

1. U. Hölzle, « Cloud Computing Can Use Energy Efficiently », *The New York Times*, 23 septembre 2012.

2. On parle de consommations de connexion dix fois supérieures aux consommations de stockage. Voir « The Power of Wireless Cloud : An analysis of the energy consumption of Wireless Cloud », Centre for Energy-Efficient Telecommunications, Bell Labs and University of Melbourne, 2013. http://www.ceet.unimelb.edu.au/pdfs/ceet_white_paper_wireless_cloud.pdf

3. S. Jordison, « The ecological case for e-books », *The Guardian Books Blog*, 10 mars 2010. http://www.guardian.co.uk/books/booksblog/2010/mar/09/ecological-ebooks.

sociales, sur la façon dont on pouvait, par exemple, protéger l'auteur (et son éditeur) des violations du *copyright*. Je pensais d'ailleurs que l'on pouvait aller encore plus loin et réfléchir à une redéfinition des liens sociaux créés par la circulation et la vente électroniques des contenus culturels. Examinons un autre ensemble de contrastes :

> Je peux offrir un livre, mais personne ne songerait à offrir à un ami seulement un chapitre d'introduction pour lui donner envie de lire ce livre.
>
> Je trouverais quelque peu grossier qu'un ami m'envoie par mail le premier chapitre d'un roman de Stephen King, ou de qui que ce soit d'autre, avec, en annexe, un bouton pour l'acheter.

Si l'on élargit ainsi la discussion sur la nature du texte et du livre électroniques, nous sommes contraints de redéfinir leurs perspectives d'utilisation. Dans les années 2000, le secteur était électrisé par les ventes de quelques *best-sellers*, mais cherchait encore sa place dans le monde de la transmission des contenus. En dépit d'un impact médiatique considérable, le contenu électronique *payant* peinait à trouver sa voie. Peut-être était-ce dû à un problème de coût, au fait que la version électronique et la version papier ne présentaient pas de grandes différences. On expliquait aussi la difficulté rencontrée par le contenu électronique par le manque de gadgets appropriés sur lesquels le lire (et, en effet, les liseuses électroniques alors dans le commerce étaient pour le moins sommaires). Mais ce n'était pas, à mon sens, le problème principal. En 2000, une famille américaine sur trois avait déjà accès à Internet et pouvait télécharger un livre sur son ordinateur domestique sans devoir acquérir de nouveaux logiciels – même si, au bout du compte, elle finissait par devoir lire les livres sur de vieux écrans cathodiques. J'observais simplement qu'il n'y avait pas de problème dont le livre électronique puisse être la solution : le téléphone sans fil résout un problème puisqu'il libère l'émission et la transmission des contraintes spatio-temporelles imposées par la présence de fils, mais quelle est la difficulté que viendrait résoudre le livre électronique ? Pouvoir partir en vacances avec un kilo de livres dans son sac[1] plutôt que dix ou cent kilos ? Avoir accès aux dernières parutions en temps réel ?

Au cours des siècles, se sont cristallisées autour du livre des normes et des règles sociales bien établies qui le définissent et le protègent. Il ne s'agit pas d'un discours nostalgique, mais d'un fait lié à la fonction du livre : faire circuler les idées à moindre coût et dans un format qui présente toute une série d'avantages, pas seulement la maniabilité, mais aussi la possibilité de le transmettre, de le consulter à nouveau, de l'offrir. Le livre est un objet de communication et d'échange. La vie du contenu électronique était donc entièrement à inventer, et l'on ne savait pas encore comment remplacer les pratiques sociales entourant le livre. Le livre électronique s'avérait être un produit hybride. Quelqu'un a dû regarder un livre, et se demander : « Comment est-ce que je peux rendre ce livre électronique ? Où doit-on fixer la reliure ? Avec quel bouton faire tourner les pages ? Et y aura-t-il encore des pages ? », mais il s'est référé au passé, et non à la nature des nouvelles technologies, qui créent des machines totalement intégrées où peuvent être traités tous types de contenus. Il fallait, à mon

1. Une publicité de 2012 pour la liseuse Kobo proposée par la Fnac dit ceci : « Cet été, je voyage léger : un bikini, une robe et mille livres. » Nous qui ne réussissons qu'à en lire une vingtaine durant l'été, nous ne pouvons que souhaiter longue vie à la protagoniste.

sens, bien comprendre ce mécanisme pour montrer la nécessité de créer quelque chose de radicalement nouveau, ou alors le livre électronique ne serait resté qu'un gadget parmi d'autres.

Dès lors, le livre papier aurait subsisté pour un certain type de fonctions en particulier. La culture est un phénomène très complexe qui n'est pas seulement lié à la fonction communicationnelle, mais également à des pratiques sociales. *Chercher à assujettir le contenu électronique à la métaphore du livre aurait donc signifié se priver des multiples opportunités qu'il offre.*

En résumé, ma prédiction était fondée sur un paramètre alors sous-évalué dans les débats, à savoir que le livre est un excellent objet d'*échange social.* Il est très souvent offert en cadeau, et, comme cadeau, il a une vie illimitée. Offrir un livre électronique, au contraire, revient à offrir un gadget électronique ou à offrir un fichier; dans tous les cas, l'échange symbolique est incomparable à celui que propose un livre papier. Autrement dit, le livre papier fait partie d'un « écosystème », et son rôle dans l'écosystème n'est pas remplaçable par le livre électronique.

Ma prédiction est-elle aujourd'hui démentie par le nombre croissant de livres électroniques dans le commerce ou en circulation? Je dirais: à moitié seulement. Nous faisons face, en effet, à un *nouvel* écosystème qui crée un espace pour le format électronique et l'enlève au papier. Est arrivé ce qui, comme je le croyais, aurait permis au livre électronique de s'imposer – à savoir une reconfiguration totale de la situation de lecture –, mais pas au sens où je l'espérais. Les nouveaux formats n'ont pas ouvert de nouveaux horizons de lecture; au contraire, cette lecture a été *volée.*

C'est là la thèse principale que je défends. De cette thèse découle toute une série de conséquences pour l'avenir de la lecture et son apprentissage, des instructions pour composer avec l'innovation numérique, et des conclusions sur l'éducation en général. Mais on ne peut en comprendre les conséquences que si l'on comprend *de quelle façon* la lecture a été volée.

Dans les pages suivantes, j'insisterai essentiellement sur deux choses. D'une part, je tenterai d'expliquer comment l'environnement numérique est devenu hostile pour la lecture des livres. D'autre part, je voudrais montrer comment il est possible de s'adapter à ce nouvel environnement et quand, au contraire, on doit s'efforcer d'y résister, et par quelles mesures. Je présenterai de nombreux cas concrets – en me tournant vers l'école et l'éducation – que réunit la volonté de proposer des interprétations créatives des nouvelles technologies, sans les subir. Nous verrons que le livre et l'école pourraient bien être le terrain sur lequel se joue l'avenir du colonialisme numérique. Pour le moment, ce terrain est un *no man's land*, une zone intermédiaire entre, d'un côté, des pratiques, comme la photographie, qui ont tiré profit de la migration numérique, et, de l'autre, des pratiques, comme l'exercice du vote, dont on a de bonnes raisons de penser qu'elles ne devraient pas migrer. Aux extrêmes, nos marges de manœuvre sont claires : accepter entièrement la proposition numérique ou la refuser entièrement. Dans cette zone intermédiaire pourtant, nous devons faire un effort d'imagination parce que les problèmes sont beaucoup plus compliqués. En explorant cette zone intermédiaire et complexe, nous nous en tiendrons à un message très simple au fond : la nouveauté n'est pas une fatalité, mais si les technologies doivent devenir pour nous des opportunités, alors il faut sans cesse les réinventer.

Comment passe-t-on d'un écosystème à un autre? Par exemple, qui est aujourd'hui « photographe » ?

Nouveau saut en arrière, et légèrement de côté. Réfléchissez un instant à ce qui s'est passé lorsque les appareils photo ont colonisé les téléphones portables. À l'aube du troisième millénaire, de nombreux photographes amateurs, ou pas, se sont demandé avec inquiétude s'ils devaient migrer des appareils Reflex avec pellicules aux appareils numériques. Celui qui achetait alors pour la première fois un appareil photo était confronté à un choix toujours plus intéressant (et plus déstabilisant) : la pellicule ou le numérique. On s'enflammait dans les revues spécialisées : les partisans du bon vieux Reflex insistaient sur l'énorme différence qui existait entre la très grande résolution des systèmes analogiques et la pauvreté des systèmes numériques ; les partisans du numérique mettaient en avant la simplicité à gérer des images, à les transférer, à les modifier, la multiplication du nombre de pixels, et ainsi de suite. La controverse semblait divinement académique jusqu'au jour où les téléphones portables avec appareils photo intégrés sont apparus sur le marché. Le fait est qu'on vend actuellement plus d'appareils photo intégrés à des téléphones portables que d'appareils photo comme objets en soi. On peine aujourd'hui à comprendre quelle était, à l'origine, la raison de cette incorporation : si le but était d'amadouer les clients, qui envoyaient un nombre invraisemblable de SMS, pour qu'ils envoient aussi des MMS, force est de constater que l'envoi de MMS a été un phénomène marginal[1].

1. En 2008 au Royaume-Uni, 78, 9 milliards de SMS ont été envoyés et à peine plus de 500 millions de MMS ; en 2009, cela représentait 96, 8 milliards de SMS contre 601 millions de MMS, soit un MMS pour

Que s'est-il donc passé ? Jusque dans les années 2000, photographier représentait surtout une *activité cérémonielle.* Hormis les photographes professionnels, on ne prenait des photos qu'en certaines occasions assez particulières et rituelles : anniversaires, fêtes, vacances et autres événements du genre. Si mon père était sorti avec l'appareil photo en bandoulière, on l'aurait trouvé légèrement bizarre, ou on aurait pensé qu'il avait une mission spéciale. Personne ne nous demandait avant de sortir : « Tu as bien pris l'appareil photo ? » Mais dès lors que quasiment tous les téléphones portables en sont équipés, la question devient redondante, car la réponse est incluse dans la réponse à une autre question : « Tu n'as pas oublié de prendre ton téléphone ? » Voilà où je voulais en venir : avoir l'intention de prendre son appareil photo en sortant de chez soi est une chose, l'avoir *quoi qu'il en soit* dans la poche du matin au soir en est une autre. À un moment donné, vous vous mettez à l'utiliser pour enregistrer tout ce qui défile devant vos yeux : un reflet sur un mur, la queue d'un chat, les personnes présentes à une réunion pour pouvoir plus tard vérifier qui y a bien participé, l'affiche d'une exposition que vous souhaiteriez aller voir, un calcul écrit au tableau (mais nous reviendrons sur ce point), la scène d'un accident, et ainsi de suite.

On n'achète pas aujourd'hui un smartphone pour l'appareil photo ; mais une fois qu'on en possède un, étant donné que l'appareil photo en fait partie, on se met à prendre des photos. Bien plus que ce que l'on avait l'habitude de faire lorsque les appareils photo n'étaient pas intégrés aux téléphones, et de manière très

---

160 SMS. Cf. Mobile Data Association, *The Q4 2008 UK Mobile Trends report.* http://themda.org/mda-press-releases/the-q4-2008-uk-mobile-trends-report.php.

différente. L'appareil-photo-comme-appendice-corporel *révèle* quelque chose sur l'appareil photographique, quelque chose que l'usage *cérémoniel* de la photographie ne permettait pas de voir : *les appareils photo sont des enregistreurs de notes visuelles.* On voit bien que la portabilité n'a pas été le facteur décisif. Les appareils photo numériques et même les Reflex étaient parfaitement transportables, certains étant de véritables chefs-d'œuvre d'ingénierie : j'ai utilisé pendant des années (en vacances, « cérémonieusement ») un Minox extrêmement léger qu'on m'avait offert pour ma maîtrise ; il faisait des photos splendides et je le glissais partout. En revanche, c'est le fait d'avoir *constamment* dans la poche un appareil photo qui a fait toute la différence.

La parabole de l'appareil photo nous apprend deux choses. D'abord, que le progrès, en général, ne survient pas lorsqu'on regarde une pratique et qu'on cherche ensuite la technologie adaptée pour l'entretenir ou l'assister dans ses fonctions, mais que, au contraire, il y a innovation quand on considère la technologie existante et qu'on cherche à lui trouver de nouveaux usages. Comme certains l'ont dit[1], c'est l'esprit qui aiguise le besoin et non l'inverse. Et, en effet, une fois la photographie libérée, on a cherché et trouvé des moyens de la partager : le MMS – qui n'arrive pas à prendre – a fait place à Flicker et à Instagram. Plus généralement, il y a aujourd'hui plus de réponses (technologiques) que de demandes (sociales). Essayons donc d'abord de chercher des demandes légitimes, ce à quoi je m'emploierai dans les pages suivantes.

1. En particulier J. Diamond, *De l'inégalité parmi les sociétés. Essai sur l'homme et l'environnement dans l'histoire*, Paris, Gallimard, 2000.

En ce qui concerne le fil de notre démonstration, la seconde leçon à tirer de la parabole de l'appareil photographique est d'une simplicité déconcertante. Ce n'est pas l'arrivée sur le marché de livres électroniques toujours plus performants qui a marqué un tournant dans la lecture des livres ; ce qui a fait la différence, c'est un objet particulier : l'iPad et ses épigones. Non *pas* parce que l'iPad s'est imposé comme un nouveau genre de liseuse électronique, absolument pas ! L'iPad est né comme le dernier appendice séduisant d'un immense système de distribution de contenus. Celui qui achète un iPad ne l'achète *pas* pour lire un livre (de fait, personne n'arrive encore à lire au soleil comme avec un Kindle ink dont l'encre électronique présente un net avantage pour les yeux), mais pour faire un tas d'autres choses. Néanmoins, une fois que l'on dispose d'un iPad, on se met tout naturellement à télécharger des livres. Et une fois que l'on réussit à les télécharger sur iPad, pourquoi diable acheter une liseuse électronique ? Autrement dit, l'iPad fera à la liseuse de livres électroniques ce que le téléphone portable a fait à l'appareil photo : il l'avalera.

Dans tous les cas – appareils photo dans le téléphone et iPad –, on a créé de nouveaux écosystèmes, riches et intéressants, qui redéfinissent complètement nos pratiques. La leçon de l'appareil-photo-téléphone n'est pas seulement simple, elle est aussi brutale : ce ne sont *pas* les appareils photographiques numériques toujours plus performants ou toujours plus petits qui nous auront convaincus d'abandonner la pellicule, mais une certaine disponibilité des appareils numériques, même de qualité médiocre, là où personne ne s'attendait à les trouver : dans la poche, vingt-quatre heures sur vingt-quatre, sept jours sur sept. Parallèlement, si le livre électronique parvient à s'imposer et à détrôner le livre papier, cela ne voudra absolument pas dire qu'il est « finalement » devenu meilleur que le livre papier. Cela signifiera surtout que les gens veulent des choses comme l'iPad – lequel a peu à voir avec le livre –, et qu'ils trouveront par la suite tout naturel de l'utiliser, y compris pour télécharger un livre. La lecture a été volée, mais ma prédiction concernant l'avenir du livre n'a été confirmée qu'à moitié. Il nous faut à présent comprendre ce que cela signifie pour les lecteurs, ce que l'on peut faire pour protéger la lecture, ou même simplement se la réapproprier.

Produire ou consommer ?

Tout d'abord, pourquoi l'iPad, et précisément cet objet-là, a-t-il volé la lecture ? La transformation conceptuelle que l'iPad a portée sur la scène de la technologie de masse est aussi simple que radicale. Jusqu'à ce que l'iPad fasse son entrée, les ordinateurs étaient principalement, sinon exclusivement, des outils de *production intellectuelle*. Or, pour la première fois, on a vu surgir un ordinateur qui est essentiellement un outil de *consommation intellectuelle*[1]. On le voit bien déjà aux images choisies pour la campagne publicitaire de la première version : caméra subjective du point de vue de l'utilisateur, vêtements confortables, jambes croisées, tablette sur les genoux brillant de mille promesses. On le voit également à l'ergonomie de l'iPad qui, précisément, est entièrement orientée vers la consommation, et se montre peu intéressée par la production.

1. Je suis donc sur ce point en désaccord avec le philosophe Maurizio Ferraris qui considère que l'iPad est essentiellement un outil permettant d'enregistrer des inscriptions. Voir M. Ferraris, *Anima e iPad*, Milan, Guanda, 2011.

Prenons, par exemple, le clavier virtuel. On peut le faire apparaître sur l'écran tactile ; certes, il fonctionne à merveille, mais il occupe nécessairement une très grande partie de l'écran de sorte qu'il laisse peu d'espace pour vérifier ce qui a été écrit passé quelques lignes. Cela ne pose aucun problème s'il s'agit de rédiger un petit mail de salutation ou un *tweet* ; pour les productions intellectuelles plus ambitieuses en revanche, on retrouve les mêmes difficultés que celles rencontrées dans les années 80 avec les machines à écrire électroniques et leur écran minuscule. Pourquoi a-t-on besoin de plus d'espace pour écrire ? L'écriture sert non seulement à garder une trace de nos pensées, mais à les *organiser visuellement* pour les soumettre à des vérifications successives qui nous permettent de découvrir ce que nous voulons vraiment dire. La fenêtre d'un petit écran est trop étroite pour cet exercice : il faut *se rappeler* ce qui est écrit, et l'appel à la mémoire rend alors vain le secours graphique qui devait justement libérer la mémoire. On remarque que, dans la première version, il était impossible d'annoter des documents sur iPad. C'est ce qui l'a différencié par la suite des autres produits orientés vers la production, comme les tablettes qui circulaient alors sur le marché, équipés d'un stylet informatique, d'applications remarquables (l'annotateur de pdf. par exemple[1]), et présentant un réel avantage pour tous ceux qui travaillaient sur des documents écrits ou des dessins, qui les éditaient, les corrigeaient, les archivaient et les expédiaient quotidiennement.

La production ainsi restreinte, l'iPad a développé avec force un *design* entièrement orienté vers le divertissement et, en

1. http://www.pdfannotator.fr/

toute logique, vers l'achat de produits de divertissement. Ceux qui décrivent l'iPad comme un iPod géant n'ont pas tout à fait tort. Plus l'écran est grand, plus il se remplit d'interfaces tactiles (celle que je préfère est un amusant simulateur de piano qui permet de s'entraîner quand on est en voyage). L'iPod géant nous permet surtout de profiter agréablement d'une bibliothèque vidéo, avancée remarquable si l'on considère uniquement la reproduction sonore. À ce stade, on pourrait penser que l'iPad ne concurrence pas seulement le PC, mais aussi la télévision et le cinéma, et que se feront bientôt ressentir, dans ce secteur, les effets destructeurs que l'iPod avait entraînés sur le marché du disque.

On peut lire un grand nombre de livres et de journaux sur l'iPad, qui s'efforce donc de miner Kindle, le lecteur d'Amazon. Comme je l'ai dit, la force de frappe de l'iPad et de ses homologues est telle qu'il réussira précisément là où la ribambelle de liseuses électroniques a échoué avant même de commencer, non pas tant en vertu d'un mérite particulier que parce que, *d'une façon ou d'une autre, on finira par l'acheter*. À ce moment-là, il sera inutile d'acheter un autre type de lecteur, exactement comme cela s'est passé avec l'appareil photo dans le téléphone.

Il est facile de comprendre pourquoi je ne parle que de l'iPad, et non de Kindle ou de Nook qui eux, au contraire, sont apparus comme des outils essentiellement consacrés au format livre[1]. Je n'en parle pas parce qu'ils ont déjà cédé, ou qu'ils sont en train de céder, à la tentation de diffuser aussi de

---

1. Voir G. Roncaglia, *La quarta rivoluzione. Sei lezioni sul futuro del libro*, Bari, Laterza, 2010 ; le meilleur texte aujourd'hui disponible sur le livre électronique, sensible aux possibilités offertes par les nouvelles technologies, sur le fond duquel mon livre s'inscrit.

la musique, des jeux, des applications, Internet, des emails, etc. Pourquoi deviennent-ils à ce point identiques à l'iPad ? Mais pourquoi s'en priveraient-ils ? Amazon ou la Fnac n'ont pas intérêt à vendre des *livres* ; ils ont intérêt à vendre tout court. Et parce que l'on aura de toutes manières un iPad, ou l'équivalent, dans la poche, il serait absurde d'avoir *en plus* une *simple* liseuse électronique.

AUTREMENT DIT, COMBIEN COÛTE TON ATTENTION ?

Instrument de divertissement tous azimuts donc. Ce qui est intéressant dans le tournant, le parti pris par l'iPad et ses épigones, c'est la façon dont il préfigure le palimpseste de notre vie mentale. C'est une bataille passionnante qui va se jouer dans les années à venir, et dont l'enjeu n'est rien moins que notre principale ressource intellectuelle : l'attention.

Premier psychologue à obtenir le prix Nobel d'économie et grand explorateur des limites de la raison, Herbert Simon s'était donné une règle simple pour survivre face au déferlement d'informations : ne pas lire le journal, ne pas écouter la radio, ne pas regarder la télévision. D'une logique imparable : si quelque chose de *vraiment* important devait arriver, disait-il, ses amis l'appelleraient aussitôt pour l'en informer. Quand il s'agit de protéger le silence intérieur, il semblerait que tous les moyens soient bons. Mais les exhortations à la pureté et à la sainteté ne sont pas vraiment de mise, pour la bonne raison aussi que, sauf cas exceptionnels, on n'allume pas la radio ou la télévision pour se tenir informé. Comme l'affirme le documentariste Werner Weick, il ne faut pas confondre être informé et être impliqué :

c'est sur l'implication que misent les médias, pas sur l'information, et le moins qu'on puisse dire, c'est que les consommateurs de produits médiatiques y sont prédisposés.

Ulysse nous a montré comment nous protéger du chant des sirènes, comment mettre en œuvre des stratégies plus ou moins contraignantes pour aider la rationalité chancelante, en tenant compte, précisément, de ses limites et de sa fragilité. Si tu te crois faible, fais-toi ligoter au mât du navire ! On trouve déjà sur le marché des programmes pour gérer l'attention, qui bloquent les mises à jour Facebook, filtrent les alertes des *chats*, déconnectent les boîtes de messagerie. Les plus radicaux, dont l'un porte le nom très significatif de *Freedom*[1], vous demandent le nombre d'heures durant lesquelles vous souhaitez ne plus avoir Internet ; si vous changez d'avis une fois la décision prise, l'unique moyen de se reconnecter au réseau est pour le moins coûteux et décourageant : il faut éteindre, puis redémarrer votre ordinateur. Assurément, le problème ne se pose pas dans les mêmes termes face à la nouvelle frontière numérique, qui nous propose un environnement totalement inédit construit autour d'un objet qui ne sert plus du tout à produire.

Selon le neuropsychologue Patrick Cavanagh, nous savons tous à quoi ressemble l'attention, mais nous ne sommes pas nécessairement d'accord sur ce qu'elle fait, excepté qu'elle fait peu de choses à la fois[2]. À partir de cet axiome primordial s'élaborent des plans, extrêmement simples et prévisibles, pour attaquer la forteresse de l'attention. On a bien vu comment la

1. http://macfreedom.com/

2. P. Cavanagh, « Attention Routines and the Architecture of Selection », in Michael I. Posner (éd.), *Cognitive Neuroscience of Attention*, New York, Guilford Press, 2004, p. 13-28.

télévision, en vertu de sa nature monopolistique, a dû batailler avec la question de l'attention ; dans leur course à l'armement, les programmes télévisés se sont adaptés à l'invention de la télécommande qui a anéanti le coût, apparemment insupportable, que représentait le fait de se lever de son fauteuil pour changer de chaîne. Le couple *zapping*-Médiamétrie a ensuite inévitablement déterminé la structure du palimpseste. Pour quelle raison ? À un moment donné, il n'y a au fond que deux types de téléspectateurs : ceux qui regardent une chaîne et n'en changent pas, et ceux qui changent de chaîne ou ont l'intention de le faire. Étant donné que les premiers sont une base solide pour Médiamétrie, les directeurs de chaînes ont bien compris que, pour faire monter l'audience, il fallait capter celui qui s'arrête ne serait-ce qu'une fraction de seconde tandis qu'il passe d'une chaîne à l'autre. Les aimants à téléspectateurs, peu nombreux mais ô combien efficaces – tapage médiatique, sexe, explosions, couleurs criardes, volume à fond, ingrédients savamment réunis dans la provocation du chanteur Gianni Morandi qui, pendant l'avant-première de l'émission *Uno di noi*, le 19 octobre 2002, se met en caleçon en direct pour montrer que cela devrait faire grimper l'audimat – ne sont rien d'autre que les armes pour la conquête du Graal attentionnel bien gardé par les zappeurs inconscients. C'est ce qui explique que le seul bouton à l'extérieur de l'écran de l'iPad, celui qui permet de faire apparaître la liste des applications, soit une petite télécommande. Cela nous rappelle, au cas où nous l'aurions oublié, qu'il y a toujours une activité sympathique à tester, qui nous attend à chaque détour.

Recettes, manuels, encyclopédies. Et les essais ?

Parlons à présent des livres et de leur avenir dans ce nouvel environnement. Pour ce faire, nous devons d'abord admettre qu'il y a livre et livre, c'est-à-dire que nous appelons « livre » des choses extrêmement différentes. Un livre de recettes dont on ne consulte qu'une fiche à la fois, un manuel ou une encyclopédie que l'on n'a besoin d'ouvrir qu'épisodiquement : inévitablement, toutes ces entités livresques finissent par être plus efficaces dans un format électronique. En effet, l'utilisation du numérique a *révélé* la différence existant entre les divers genres de « livre ». Les livres de cuisine existent déjà depuis un certain temps sous forme de fiches détachables, les livres reliés étant plus difficiles à garder ouverts devant soi sur le plan de travail. Mais à ce stade, autant aller sur Internet et imprimer la recette de la béchamel sur une feuille volante qu'on jettera tout de suite après. Wikipédia, nous y revenons plus loin, est l'exemple qui prouve bien que le livre-encyclopédie n'avait plus beaucoup de sens, et qu'il attendait impatiemment d'émigrer de l'étagère à l'écran interactif. Il existe, par ailleurs, d'autres types de textes qui sont à cheval entre les deux. Par exemple, un pamphlet d'une trentaine de feuillets mène nécessairement une double vie : on peut le lire sur tablette pendant un trajet de métro et, en même temps, on l'offrira volontiers sous format papier étant donné qu'il tient peu de place dans la poche.

Je voudrais parler d'un objet de nature très différente : l'*essai* d'environ deux cents pages, l'essai ambitieux, dont le format est tout à fait particulier. J'en parle parce que je pense qu'il est bien mieux en papier qu'en numérique. Je pense à l'essai en philosophie de l'art, à l'enquête sur les conditions des migrants basée sur des données empiriques, à l'analyse d'une crise économique, au manifeste pour un nouveau mode de consommation, à l'histoire d'une invention technologique, à une biographie, aux textes académiques, mais pas seulement, et j'inclurai aussi de nombreux textes de *non-fiction*. En la matière, dix pages ne suffisent pas : il faut résumer l'état de l'art en exposant les faits, interpréter les données, montrer pourquoi on se fie aux sources, critiquer les interprétations concurrentes, tirer des conclusions, faire des prédictions, faire comprendre en quoi on a dépassé l'état de l'art, indiquer de nouvelles perspectives de recherche. Le tout sans perdre le fil de la démonstration, et donc en aidant le lecteur avec des cartes conceptuelles. La particularité du format-essai vient de ce qu'il doit présenter un argument complexe de façon *soutenue et en constante interaction avec le lecteur*. Ce que le lecteur rencontre à la page 120 dépend de ce qui a été dit cinquante pages plus haut, et aide à comprendre ce qui sera dit cinquante pages plus bas. Il est donc nécessaire d'écrire de telle sorte que ces dépendances internes soient toujours bien comprises du lecteur. Les essais sont difficiles à lire et, par conséquent, difficiles à écrire. Le travail de recherche qui préside à la rédaction d'un essai est long, et le travail d'écriture tout à fait particulier.

On le voit aux mille détails auxquels on doit penser lorsqu'on écrit. Considérons, par exemple, une décision apparemment marginale que celui qui rédige un essai doit prendre très rapidement : notes de bas de page, ou non ? Combien ? Comme me l'a fait remarquer Maurizio Ferraris, les essais dans lesquels le texte est *asphyxié* par l'appareil de notes donnent l'impression que l'auteur fait faire au lecteur le travail que lui-même n'a pas su ou, pire, pas voulu faire. Les notes m'intéressent ici à titre d'exemple : elles ont pour effet de détourner l'attention, quand elles ne retirent pas purement et simplement au lecteur sa responsabilité et l'effort nécessaire à fournir pour suivre le fil de la démonstration. Tout le monde n'est pas de cet avis et certains, comme Anthony Grafton, défendent que la note de bas de page a joué un rôle fondamental dans la construction de l'essai moderne[1].

La question de la distraction n'est pas indifférente. Celui qui écrit un essai a en tête un modèle de lecteur : un lecteur *attentif*, *constant* et qui fait l'effort de *mémoriser*. Le *zapping* ne fait pas partie des options de lecture approfondie, comme n'en fait pas partie la trop grande discontinuité dans le temps : on ne lit pas deux pages d'un essai aujourd'hui, et trois le mois prochain. En quoi ces éléments sont-ils importants pour l'auteur d'un essai ? Le cours de la lecture conditionne celui de l'écriture et lui impose une véritable *éthique*. Un lecteur attentif, constant, et qui fait l'effort de mémoriser est un lecteur à respecter parce que c'est un lecteur qui exige le respect. On ne doit pas l'étouffer sous des données insignifiantes. On ne peut pas faire diversion. On ne doit pas ajouter du texte dans le seul but d'arriver à la fin d'un chapitre. Et l'on ne doit pas s'imaginer que le lecteur fera le travail que toi, auteur, tu n'as pas fait. L'écriture se dépouille et privilégie l'argumentation plutôt que les purs effets de style[2] et la rhétorique ornementale. La grandeur de l'essai comme genre tient véritablement au fait d'avoir substitué l'éthique de l'écriture à la rhétorique.

---

1. Mettons justement ici une note pour distraire le lecteur : A. Grafton, *The Footnote*, Cambridge, Harvard University Press, 1999.

2. M. Santambroggio, *Manuale di scrittura non creativa*, Bari, Laterza, 2009.

Il est vrai toutefois qu'il n'existe pas, ou très rarement, de lecteur capable de se rappeler parfaitement chacune des pages qu'il vient de lire ou de maintenir son attention des heures durant. L'éthique de l'écriture doit appeler à son secours le *design* de la situation de lecture. Qu'est-ce que cela signifie et comment peut-on le mettre en place ? L'auteur d'un essai sait qu'il doit injecter des résumés des arguments qui viennent d'être exposés et proposer des panoramas de ce qui sera bientôt exposé. Il sait qu'il doit offrir de petits cadeaux au lecteur : une citation mémorable, une image, de temps en temps une balade dans le récit. Après tout, le roman – autre produit culturel courant sur deux cents pages – n'a pas de difficulté à captiver l'attention.

Le champ d'action de l'écrivain est pourtant limité : il ne peut pas dire au lecteur combien de temps passer dans son fauteuil avec son livre ; il ne peut pas non plus lui demander de tenir à distance les éventuelles distractions.

Mais voilà justement où je veux en venir. De *ce* point de vue, le livre papier a un *format cognitif parfait.* Il s'acquitte remarquablement bien de sa tâche parce qu'il n'a que lui-même à offrir. Bien sûr, il n'éloigne pas à lui seul la télévision ou Internet, mais, grâce à son caractère achevé, il sait à merveille *annoncer* la promesse d'une rencontre exclusive entre l'auteur et le lecteur. Chaque livre papier est un petit écosystème, une niche écologique où vivent en parfaite symbiose *un*[1] auteur et *un* lecteur. En achetant un livre papier, vous faites valoir aussi

1. Ou plusieurs co-auteurs, mais qui doivent néanmoins s'efforcer d'agir comme une seule personne.

un puissant *contrat sur l'attention* ; le livre s'engage à vous laisser seul avec son contenu, de la première à la dernière page.

L'iPad et ses succédanés sont des écosystèmes résolument différents. Le livre, on l'a vu, n'est pas leur raison d'être. Le livre est une *« app »*, une application parmi une infinité d'autres à portée de main dont beaucoup sont absolument fabuleuses et très séduisantes. Il vous vient soudain l'envie de savoir où se trouve Sirius dans le ciel ? Téléchargez *Star Walk* pour quelques euros et c'est bon : l'accéléromètre, la caméra-vidéo et le GPS permettent d'augmenter la réalité en superposant à l'image diurne du ciel celle des étoiles dans leur position actuelle. J'ai, moi aussi, de nombreux besoins de ce genre : *immédiats, légitimes, épistémologiquement nobles*. Peut-être trop d'ailleurs pour pouvoir continuer à lire du début à la fin une histoire de l'astronomie pré-galiléenne. L'iPad est né pour satisfaire ces besoins rapides, et surtout pour en créer continuellement d'autres ; il n'est pas seulement un ordinateur de consommation en soi, il est le dernier maillon d'une gigantesque chaîne de distribution, dont il est la vitrine. Dans cette perspective, si le livre est une application parmi tant d'autres, il ne jouira d'aucune espèce de privilège du point de vue du *design* parce qu'il ne jouit d'aucune espèce de privilège du point de vue commercial comparé aux autres applications.

Je n'ai (encore) émis globalement aucun jugement de valeur sur cette situation. J'évalue simplement, pour la survie de l'essai, l'efficacité locale du *design* de ce nouvel environnement. L'élément-clé de mon argument est donc que cet écosystème est *vraiment* nouveau : il ne s'agit pas d'une simple numérisation de situations préexistantes (comme on l'a vu, cela n'a pas suffi dans les années précédentes à faire décoller le livre électronique). La situation est analogue à celle de la photographie – jusqu'à un certain point. Les ressemblances sont importantes, et plus encore les différences. C'est la création d'un nouvel écosystème qui a transformé la pratique photographique, et c'est la création d'un nouvel écosystème qui a transformé la pratique de la lecture. Mais de la libération de la photographie on ne peut pas automatiquement conclure à la libération du livre. Si l'eBook commence à prendre, et à remplacer le livre papier, c'est qu'il existe un nouveau contexte dans lequel, toutefois, il n'est pas une *prima donna*, mais plutôt un figurant parmi tant d'autres, et dans lequel l'attention est continuellement sollicitée par tous ces autres figurants.

L'iPad n'offre pas un contexte propice pour la lecture d'un essai, et ce sera le cas pour son écriture. S'il advient que mon prochain essai sera lu essentiellement sur tablette, faut-il dès à présent que je réfléchisse à la façon dont je peux attirer l'attention du lecteur qui entre, malgré lui, automatiquement en mode *zapping*? Dois-je moi-même utiliser un style « zap » ? Faut-il par exemple que j'insère ci-dessous la photo d'une célébrité en caleçon en espérant que le lecteur de passage s'arrête quelques minutes, voire quelques secondes, sur le texte qui se trouve à côté de la photo ? Cela reviendrait à renvoyer la structure de l'essai écrit à une phase archaïque de la communication des contenus, là où domine la rhétorique propre à l'oralité, qui expose celui qui écoute à une implication émotive et l'éloigne de la réflexion.

L'écriture a consenti à s'affranchir de la rhétorique qui était le propre de l'oraison ; ne pouvant pas faire passer le discours d'un tribun en *playback*, on ne pouvait pas vérifier sa cohérence, sa tenue, et l'on finissait par voyager d'un mouvement de l'âme à un autre. C'est de cela justement que l'écriture nous a libérés. Plus qu'une technologie de la mémoire et de la communication, c'est une technologie de l'examen conscient, fondée sur le réexamen constant. Si l'écriture entrait perpétuellement en compétition avec la distraction, elle finirait inévitablement par se rabattre sur la rhétorique de l'oralité.

En quel sens l'essai papier est-il parfait ?

La perfection du *design* du livre papier vient de ce que les livres *occupent jalousement notre temps* et excluent les distractions. On pourrait presque s'en tenir à cela. Mais il est important de discuter d'autres raisons cognitives d'après lesquelles il n'est pas si évident que ce serait une bonne chose d'abandonner le livre tel que nous le connaissons aujourd'hui. Les livres occupent l'espace, et l'espace est un bon moyen de gérer la mémoire. Une bonne bibliothèque est comme un diagramme ; elle nous permet de penser, parce qu'elle nous renvoie visuellement, en un seul coup d'œil, à la multitude des choses lues, et libère ainsi l'esprit de la nécessité de tout garder en mémoire. Il est vrai qu'il n'y a plus un seul coin de libre à la maison, mais ce n'est pas si mal d'avoir toujours devant les yeux un espace mental de la taille d'un appartement.

On me répondra que les appartements ne sont pas gratuits. L'espace qu'ils nous offrent a un prix, parfois exorbitant. On peut s'amuser (ou se déprimer) à calculer le coût de revient d'un livre que l'on rapporte chez soi. Les lecteurs et les acquéreurs invétérés que nous sommes ont tous une idée approximative de ce que coûte un livre : un livre de poche vaut entre 4 et 12 euros, un livre broché entre 15 et 20 euros, et un livre d'art de bonne facture entre 50 et 150 euros[1]. Je parle du prix affiché, imprimé sur la couverture et inscrit sur le ticket de caisse. Mais il existe, en outre, des coûts cachés, plus profonds et difficiles à quantifier. Si l'on considère l'acquisition d'un livre comme un investissement, quels paramètres faut-il prendre en compte pour en déterminer les coûts par rapport aux paramètres encore plus insaisissables qu'il faudrait inventer pour en calculer les bénéfices ? Si l'ouvrage nous est livré à domicile, il faut ajouter entre 3 et 5 euros de frais supplémentaires. Est-ce que cela coûte du temps d'aller acheter un livre et de le rapporter chez soi ? Avoir un livre à la maison confère un statut ; est-ce que le statut est quelque chose qui s'évalue ? Certes, un seul livre dans un immense château ne confère aucun statut. Mais peut-être que n'en conféreraient pas non plus six mille livres entassés tant bien que mal dans un appartement de quatre-vingts mètres carrés. Et puis, est-ce que cela coûte du *temps* de lire un livre ? Si ce que dit un tee-shirt très en vogue aux États-Unis est vrai (« Vous pensez que l'éducation coûte cher ? Eh bien, essayez l'ignorance »), alors il est vrai aussi que le bénéfice d'un livre n'est pas fonction de son nombre de pages ou de son prix. Si j'avais besoin de réviser quelques notions de statistiques, un *Que sais-je ?* extrêmement bon marché suffirait à me rappeler tout ce que j'ai autrefois appris dans des manuels lourds et coûteux.

La question de la conservation et du stockage des livres ne semble peut-être pas très sérieuse, mais elle est objective, et elle est présente à l'esprit de chaque libraire et de chaque distributeur.

---

1. Données non officielles. En 2011, le prix moyen d'un livre en France était estimé à environ 10 € (source : Syndicat de la Librairie française).

Les livres ont un coût caché pour l'acquéreur qui dépend du coût de l'espace qu'il faut leur aménager chez soi. Les paramètres sont ici peu nombreux, mais établis. Un livre de poche mis sur le côté occupe, au sol, environ dix centimètres carrés ; un livre broché à peu près une vingtaine, et un beau livre d'art une centaine. Si l'on a une bibliothèque à quatre étagères, on peut diviser ces estimations par quatre ; mais voyons néanmoins à combien cela équivaut pour quelqu'un qui aime tout disposer sur une seule étagère. Si l'on se base sur un prix de l'immobilier à 1 000 euros le mètre carré, le stockage d'un livre de poche coûtera 1 euro, celui d'un livre broché 2 euros, et celui d'un livre d'art 10 euros. À présent, la géographie s'immisce dans nos calculs. Les 1 000 euros le mètre carré reflètent le prix moyen constaté en Charente[1]. Si l'on se déplace maintenant du côté de Paris dans le 1er arrondissement (14 000 euros/m²), avoir un livre d'art sur une étagère coûte 140 euros, tandis qu'un livre broché dans le 19e (6 000 euros/m²) coûte 12 euros. Si vous aimez les bibliothèques à plusieurs étagères et que vous habitez Saint-Raphaël (4 000 euros/m²), ajoutez au prix annoncé 4 euros pour un livre de poche, 8 euros pour un livre broché et 40 euros pour un livre d'art.

Si l'on voit les choses en grand, une bibliothèque sur quatre étagères, de 10 centimètres de large sur 1 mètre de long, accueille quatre cents livres de poche. Le coût immobilier de ce petit essaim de livres est de 1 400 euros dans le centre de Paris.

(Et quand on est locataire ? Quelques données seulement : si vous payez 10 euros par mois le mètre carré et que vous mettez tout sur une longue étagère, vous devez débourser chaque mois 10 centimes d'euro pour le grand livre d'art, et 1 centime pour

1. Données 2013 du site lavieimmo.com

le livre de poche.) Quiconque a dû un jour déménager d'un grand appartement bon marché pour un plus petit et plus cher d'un quartier plus central (sans compter les frais de déménagement, combien de *caisses* de livres à monter et à descendre sans ascenseur ?) sait combien il est tentant de se débarrasser de tous ces livres recouverts de poussière depuis des années et, surtout, de certains cadeaux qu'on n'a jamais aimés.

Dans le calcul final des coûts et des bénéfices, on devrait encore inclure d'autres facteurs, bien plus insaisissables : l'obsolescence des informations contenues dans un grand nombre de livres ; l'irrationalité du fait de garder des livres qu'à l'évidence on ne relira pas ; la présence de très nombreux livres achetés, mais à peine ouverts, et dont on sait pertinemment qu'on ne les lira jamais, faute de temps. Comme ce monde paraît sombre comparé à la finesse d'une tablette argentée qui avale pour quelques grammes seulement des dizaines d'étagères, et cache dans des fichiers parfaitement invisibles les livres achetés sans réfléchir et voués à l'oubli : loin des yeux, loin du cœur.

Dans ces conditions, quels sont donc les atouts du livre papier ? J'ai dit que disposer chez soi d'une bibliothèque est comme un support visuel pour la mémoire, une trace vivante et inestimable de notre parcours à travers les mots, si ce n'est la forme même de ce qu'on pourrait appeler notre identité. Je voudrais citer un passage de Daniel Dennett :

> Les personnes âgées qu'on retire de chez elles pour les placer en centres hospitaliers sont extrêmement démunies, y compris pour les tâches de la vie quotidienne… Il n'est pas rare qu'en rentrant chez elles, elles sachent parfaitement se débrouiller toutes seules. Comment font-elles ? Au fil des ans, leur environnement domes-

tique s'est chargé de points de repère désormais ultra-familiers, de véritables déclencheurs activant des habitudes, qui leur indiquent quoi faire, où trouver la nourriture, comment s'habiller, où trouver le téléphone... Une personne âgée peut être un génie absolu quand il s'agit de s'aider soi-même dans un environnement aussi surchargé, même si son cerveau est de plus en plus rétif à de nouvelles formes d'apprentissage. La retirer de chez elle équivaut littéralement à la séparer de pans entiers de son cerveau, processus potentiellement aussi dévastateur qu'une opération chirurgicale du cerveau[1].

Les livres de la maison font partie de notre environnement quotidien, lequel assiste la mémoire. Si notre cerveau est métaphoriquement distribué en dehors de la boîte crânienne, on ne devrait pas lésiner sur quelques mètres carrés de plus pour disposer en bon ordre les livres autour de nous. Parfois, quand je suis à ma table de travail, il me suffit de regarder une étagère, sans même ouvrir les livres qu'elle contient, pour faire resurgir des continents entiers de mon apprentissage.

Pourquoi le livre, le musée linéaire et la touche « retour arrière » fonctionnent-ils si bien ?

Regardons les autres avantages cognitifs du livre, toujours en lien avec le jeu de la mémoire. Pensons à la façon dont on délègue à la machine le travail de la mémoire quand on consulte des pages en ligne. Vous ne serez pas étonnés d'apprendre que la touche la plus utilisée de votre navigateur Internet est *« back »*

---

1. D. Dennett, *Kinds of Minds. Towards an Understanding of Consciousness*, New York, Basic Books, 1997, p. 138.

(« retour arrière »)[1]. À l'évidence, il n'y a pas grand-chose à espérer de l'utilisation du « retour en arrière ». Si, par exemple, on revient en trois clics à une page précédemment consultée d'un moteur de recherche, on perd généralement tous les passages de la recherche effectuée à partir de cette page. Le fait est que le navigateur réorganise les visites de manière non linéaire, mais arborescente. Ce choix reflète en partie la structure même du web, qui ne cesse de se ramifier. Conscients du problème, et désireux d'innover, certains moteurs de recherche expérimentaux ont proposé aux navigateurs, non plus une liste des résultats de la recherche, mais une représentation opérée par eux sous forme de carte. Les résultats n'ont guère été encourageants. Je voudrais m'arrêter un instant sur une des raisons qui expliquerait peut-être cette déconvenue, et qui nous invite d'ailleurs à nous méfier des « innovations » dans le *design*, fondées le plus souvent sur des données psychologiques peu fiables, quand elles n'ont pas simplement recours à des théories purement fantaisistes (comme celle de la « pensée arborescente »).

D'autres exemples peuvent nous aider à mieux comprendre la situation. Tous ceux qui fréquentent assidûment les musées conviendront qu'il n'existe, en fin de compte, que deux façons d'exposer les œuvres d'art : les *musées linéaires*, et les autres. Dans un musée linéaire, on avance de l'entrée vers la sortie après avoir fait le tour des œuvres. Un musée non linéaire offre des parcours alternatifs, des possibilités arborescentes de visites, et les escaliers nous font passer d'un étage à l'autre en plusieurs endroits. Il existe aussi deux types d'aéroports, en tous points pareils aux deux types de musées : ceux dont les portes

1. Données de Mozilla Test Pilot Addon, 2 juillet 2012.

d'embarquement se suivent les unes après les autres, et où il suffit d'avancer et de compter pour savoir laquelle est la bonne, et ceux dont les portes d'embarquement sont regroupées selon différents principes, et qui obligent le voyageur à être constamment sur ses gardes pour emprunter la bonne voie.

Je veux dire par là que le musée et l'aéroport linéaires sont cognitivement meilleurs que leurs cousins non linéaires, quand bien même on mettrait plus de temps à les traverser. Dans un musée non linéaire, le visiteur est obligé de construire une carte mentale des endroits visités, ou de garder sur lui une véritable carte pour veiller à ne pas repasser deux fois au même endroit, et surtout pour être sûr de ne pas manquer une œuvre de première importance[1]. Dans un aéroport non linéaire, le voyageur est contraint à des choix constants, lesquels génèrent de l'anxiété et de l'inquiétude, surtout quand on dispose d'un temps limité, comme c'est généralement le cas avant l'embarquement.

L'anthropologue Jack Goody[2] a montré comment certains artefacts cognitifs – la liste de courses, par exemple – pouvaient offrir de sérieux avantages à leurs utilisateurs. N'ayant pas besoin d'apprendre par cœur ce que nous devons acheter, nous sommes libres d'utiliser notre mémoire de travail, d'une capacité très limitée, en vue d'autres tâches. Nous le pouvons, mais le faisons-nous vraiment ? Il semble bien que ce soit le cas, comme en témoigne la recherche de Dana Ballard et de

1. Avant son extension, le Prado était un excellent exemple de musée linéaire.

2. J. Goody, *La Raison graphique. La domestication de la pensée sauvage*, Paris, Éditions de Minuit, 1979.

ses collègues[1]. Dans une expérience brillante, ils montrent que, lorsqu'un sujet doit reproduire une certaine configuration de blocs (par exemple, *deux pyramides au-dessus de trois cubes à côté d'une sphère*) en se servant de blocs dans le désordre, il préférera déplacer son regard en faisant des allers-retours, en partant du modèle à copier pour aller aux blocs entassés jusqu'au modèle final, plutôt que de mémoriser le modèle à reproduire sans plus le regarder ensuite. Or, la mémorisation semble tout à fait faisable : songez un peu à la façon dont l'énoncé *deux pyramides au-dessus de trois cubes à côté d'une sphère* produit en vous l'image correspondante. Il semblerait alors que dans certaines situations, il soit moins coûteux pour le cerveau de consulter – quand il le peut – le monde extérieur que d'élaborer une représentation interne du monde. En pratique, et lorsque cela nous arrange, nous utilisons le monde comme un succédané de *mémoire externe*, négligeant (et donc épargnant) ainsi les ressources de la mémoire interne, ce qui nous permet de nous consacrer à d'autres tâches, comme raisonner ou imaginer des solutions à des problèmes. C'est pour cette raison, comme on l'a dit précédemment, qu'il est bon de s'entourer d'étagères bourrées de livres que nous avons déjà lus. La simple vue des livres suffit à activer notre mémoire.

Nous utilisons le monde comme un succédané de mémoire, mais si tout ce que nous devons mémoriser ne se trouve pas sous nos yeux, nous pouvons au moins exiger qu'il exhibe une organisation simple. Cela explique notre recours intuitif à la

---

1. D. H. Ballard, M. M. Hayhoe, P. K. Pook, R. P. N. Rao, « Deictic codes for the embodiment of cognition », *Behavioral and Brain Sciences*, 1997, vol. 20, 4, p. 723-767.

touche « retour arrière », et l'aisance que nous ressentons face à la structure linéaire de certains musées ou de certains aéroports : ils permettent une *navigation facile*. Il faudrait, autant que possible, éviter de surcharger le cerveau (déjà occupé à autre chose : à observer, à visiter, à chercher une porte d'embarquement), en l'obligeant à construire une carte mentale des lieux visités. Dans ce cas, les *objets linéaires* nous sont d'une grande aide.

Cette préférence pour un monde organisé linéairement explique le peu de succès rencontré par de nombreux sites Internet et projets multimédias qui multiplient les ramifications offertes à l'utilisateur, mais qui sont obligés ensuite d'ajouter des pseudo-« fonctionnalités de recherche », comme les « cartes du site », les « réseaux de renvois hypertextes », parfois même des représentations tridimensionnelles, censées nous permettre de retrouver les informations désirées. Le défaut de ces « fonctionnalités » est double : *primo*, il faut savoir qu'elles existent ; *secundo*, il faut apprendre à les utiliser. À titre de comparaison, les blogs sont essentiellement organisés selon un ordre de priorité temporelle qui guide l'utilisation sans qu'on ait besoin d'instructions : dernier arrivé, premier servi.

C'est pour une raison analogue que le livre a un avantage extraordinaire (en plus de ceux traditionnellement mis en avant) sur ses concurrents modernes. La structure du livre est *entièrement linéaire*. Quand nous lisons, nous savons (sans qu'on nous l'ait jamais expliqué) qu'il suffit de revenir en arrière (la fameuse touche « retour arrière » !) pour retrouver une information lue auparavant. Certes, le procédé n'est pas toujours très commode, et il peut prendre un certain temps, mais là n'est pas la question. Le fait est que quand je lis un livre, je n'ai pas besoin de construire une carte du livre ; je lis donc avec aisance, déléguant à la succession des pages l'organisation des informations. Cette carte que je peux me passer de construire, c'est le livre même – fil d'Ariane tendu à l'esprit sans qu'il y prête attention.

Le livre présente d'autres avantages cognitifs marginaux, mais intéressants, liés à l'organisation linéaire. *Je reçois des informations tactiles d'un livre* : mon corps, mes mains *savent* combien il me reste à lire d'après le poids du livre et la façon dont celui-ci est réparti ; le poids des pages non encore lues est constamment comparé avec celui des pages déjà lues. Savoir combien il me reste à lire me donne la mesure concrète du travail accompli, et me permet de moduler l'effort en fonction du travail qu'il me reste à fournir. Dans un livre électronique, cette information est visuelle ou abstraite (une barre de défilement, un indicateur numérique du genre « page 127 sur 336 »), et quand il s'agit de retrouver quelque chose, patatras !, le champ visuel est saturé, et nous ne sommes déjà plus *en train de lire*. La connaissance tactile immédiate de ce qu'il reste à lire est si efficace qu'elle perturbe certains auteurs. Quand je lis un roman policier, par exemple, savoir que j'approche de la fin peut influer sur mes attentes. Doug Hofstader, professeur de sciences cognitives et d'informatique à l'Université d'Indiana à Bloomigton, a même proposé d'ajouter aux romans policiers un certain nombre de pages blanches pour préserver le suspense final[1]. C'est une proposition amusante, mais qui montre toutefois indirectement combien les propriétés matérielles concrètes du livre recèlent d'informations.

1. D. Hofstadter, *Gödel, Escher, Bach. Les Brins d'une Guirlande Éternelle*, Paris, Dunod, 2000.

Est-ce qu'on lit mieux sur papier ou sur tablette ?

Il n'existe pas encore, à ma connaissance, de données fiables permettant de comparer l'expérience de lecture sur livre électronique et sur livre papier. Il existe une étude sur le sujet, mais il n'en ressort aucune différence significative (et l'on peut avoir quelques réserves sur la méthodologie)[1]. Il s'agit d'un travail mesurant la rapidité de lecture – variable assez pauvre, me semble-t-il –, comme si les lecteurs, au fond, faisaient la course, et comme si, une fois « résolus les problèmes ergonomiques » (rétro-éclairage de l'écran ou encre numérique ?), il ne restait plus rien à dire ou à proposer.

À la limite, on sait que la lecture est ralentie par certains types de *design* du texte, par exemple par un e s p a c e m e n t trop généreux, et ce pour la simple raison que seule la région fovéale, au centre de la rétine, est utilisée pour la reconnaissance des mots, et que l'œil doit alors « sauter » pour ramener ce qu'il veut lire au centre de la fovéa[2]. À l'inverse, la lecture se trouve accélérée par une présentation successive des mots dans la région fovéale. Pour l'instant, le livre est contraint à la linéarité, alors qu'une tablette pourrait très bien nous présenter un texte en « balançant » à toute allure au centre de l'écran un mot à la

1. Voir « iPad and Kindle Reading Speeds », Jacob Nielsen's Alertbox, 2 juillet 2010. http://www.useit.com/alertbox/ipad-kindle-reading.html.

2. S. Dehaene, *Les Neurones de la lecture*, Paris, Odile Jacob, 2007. Pour une excellente synthèse des facteurs cognitifs qui influencent la typographie, voir : G. E. Legge, C. A. Bigelow, « Does print size matter for reading ? A review of findings from vision science and typography », *Journal of Vision*, 2011, vol. II, 5.

fois, dans un espace pas plus grand qu'un timbre-poste, ou en faisant défiler très rapidement les phrases comme les chaînes télévisées le font avec les sous-titres lorsqu'elles présentent les dernières nouvelles. Dans ces cas, il se peut que la vitesse de lecture augmente, mais il s'agit d'une lecture superficielle. La lecture approfondie nous amène souvent à devoir relire ce qui vient à peine d'être lu, et la lecture à deux dimensions, sur une feuille de papier, est aussi une exploration d'une carte conceptuelle. Pendant que vous lisez cette phrase, vous savez aussi que quelque part ci-dessus sur la feuille on parle de rapidité de lecture, et il vous suffit d'un coup d'œil pour gagner en profondeur.

En attendant des études plus structurées, on peut déjà réfléchir au *design complexe de la situation de lecture*, qui a de nombreuses dimensions. Si lire signifie s'isoler pour approfondir, il est évident que les nouveaux gadgets électroniques ne nous aident pas, surchargés qu'ils sont d'applications formidablement distrayantes. Si lire signifie sauter d'un texte à l'autre ou préparer un copier-coller en vue d'une compilation *(« mashup »)*, alors le livre papier n'a aucune chance.

Élargissons donc le contexte. La lecture approfondie – et, en particulier, la lecture d'un essai – nécessite de mémoriser, non seulement pour comprendre ce que l'on est en train de lire, mais surtout, par définition, pour en retenir quelque chose. Mais comment l'esprit fait-il pour déposer dans la mémoire les informations acquises dans un environnement numérique ? Des données très solides[1] montrent que, pour mémoriser, il est

1. À partir du travail fondamental réalisé par F. I. M. Craik, E. Tulvig, « Depth of Processing and the Retention of Words in Episodic Memory », *Journal of Experimental Psychology: General*, 1975, vol. 104, 3, p. 268-294.

essentiel de soumettre l'information à un traitement en profondeur, en changeant par exemple de format, comme lorsqu'on prend des notes dans la marge, qu'on recopie à la main, qu'on rédige des petits résumés, ou même seulement quand on lit à voix haute.

Par exemple, on se rappelle plus facilement les tables de multiplication qui riment (six fois huit, quarante-huit) : on mémorise mieux l'information qui a reçu un traitement phonétique supplémentaire, parce que cela laisse une trace supplémentaire. L'information traitée en profondeur est plus facile d'accès. Sans aller jusqu'à défendre les fiches de lecture recopiées à la main (recopier à la main vaut mieux que copier-coller), qui aident assurément à la mémorisation, il faut bien voir que si un logiciel d'indexation de documents facilite énormément la recherche des éléments lus et enfouis, cela ne remplace pas pour autant le traitement cognitif de l'information, qui nécessite un investissement personnel. De ce point de vue, le livre est plus exigeant, mais il promet de meilleurs résultats à long terme. Dans tous les cas, la lecture ne tolère aucune simplification. Lire n'est pas seulement savoir qui arrivera le premier à la fin de la page.

Arrive-t-on toujours à la fin de la page ? Lecture intérieure ou lecture à voix haute ?

Si seulement on arrivait à la fin de la page. Une analyse commandée par *Slate* à Josh Schwartz, analyste à Chartbeat, une société d'analyse des flux de circulation sur le net, indique que la majeure partie des lecteurs ne parcourt pas la page d'un article publié en ligne jusqu'à la fin. Plus de la moitié change de page après les premières lignes, et il s'agit parfois de gens qui trouvent que ce qu'ils lisent est parfaitement intéressant, au point de le « tweeter » pour le « partager » avec les membres de leur réseau social[1]. Une donnée comme celle-ci ferait trembler le poignet de n'importe quel auteur. Si l'éditeur décide d'encourager uniquement les articles lus dans leur intégralité, la tendance sera alors d'écrire des articles de plus en plus courts. Une alternative surréaliste est d'écrire des articles dans lesquels tous les éléments intéressants sont exposés dans la première partie uniquement, sachant que c'est là que s'arrête l'attention du lecteur. Dans ces conditions, le reste de l'article pourrait n'être que du blabla.

Si la cause de la lecture « infidèle » est qu'en lisant en ligne, nous sommes souvent distraits par ce que nous ne sommes pas en train de lire, nous pouvons parfois nous défendre en mettant au point des petites stratégies locales. Quand je lis un article sur le site d'un quotidien et que, comme toujours, des publicités se mettent à clignoter dans la colonne de droite ou de gauche, je désactive le son, et je déplace discrètement la fenêtre de façon que les publicités sortent de l'écran. Cette opération me prend trois secondes et m'offre une grande satisfaction – probablement liée à l'idée d'avoir en quelque façon neutralisé, sinon puni, un gêneur.

Un autre moyen de traiter l'information en profondeur est de lire à voix haute. En France sont organisés des championnats nationaux de lecture à haute voix pour les enfants de niveau

1. F. MANJOO, « You Won't Finish This Article. Why people online don't read to the end », *Slate*, 6/06/2013. http://www.slate.com/articles/technology/technology/2013/06/how_people_read_online_why_you_won_t_finish_this_article.html

CM2[1] : les participants doivent lire un texte court et susciter dans l'auditoire le désir de poursuivre. J'aime à évoquer encore Doug Hofstadter, qui lit en intégralité des textes à voix haute durant ses cours et les fait lire à ses étudiants. Nous sommes tous les enfants de la lecture intérieure que saint Augustin disait envier à saint Ambroise au livre VI des *Confessions* ; et pourtant, déclamer nous aide à évaluer la consistance de ce que nous lisons. Pas seulement parce que relire à voix haute ce qui est écrit permet de voir si une phrase sonne bien ; la lecture à voix haute est plus lente que la lecture silencieuse, et elle nous laisse le temps de faire attention à ce que nous avons écrit. Sans parler du fait que, dans un groupe, la lecture à voix haute permet de synchroniser les participants, et d'en faire véritablement des participants.

Est-ce qu'on navigue mieux dans un texte en faisant mine de le survoler ?

Presque toutes les surfaces de notre environnement sont perçues de manière légèrement oblique. Quand on regarde de près une surface sur un plan parallèle au front c'est que, probablement et malheureusement, on est sur le point de se cogner : une surface fronto-parallèle est l'indice d'un obstacle à notre mouvement, tandis qu'une surface de biais indique que l'on peut passer, aller plus loin, esquiver[2]. Une exception notable à cette règle environnementale a toutefois fait son chemin dans le

1. http://lespetitschampionsdelalecture.fr/
2. J. J. Gibson, *The Ecological Approach to Visual Perception*, Mahwah, Lawrence Erlbaum Associates Inc., 1979.

monde de la culture : les images, les livres et les cahiers ont été conçus et développés pour être utilisés et regardés en étant tenus droit devant les yeux. Les écrans des téléviseurs et des ordinateurs ne sont que les derniers appendices de cette modalité du regard. On aurait très bien pu développer un autre type de livre, un livre anamorphique, fait pour être lu de manière panoramique, avec des caractères qui grossiraient et se propageraient à partir du bas de la page ; mais ce n'est pas ce qui s'est passé. En revanche, on a résolu d'autres problèmes pratiques liés aux artefacts épistémiques fronto-parallèles : la taille moyenne d'une page est à l'évidence insuffisante pour présenter *tout* le contenu d'un livre. Là aussi, on aurait pu inventer (cela a parfois été expérimenté) des livres à soufflet ou des livres à rouleaux à bande continue ; mais, de fait, on a trouvé plus commode de diviser le contenu sur plusieurs pages quand cela était nécessaire, et de relier les pages selon un ordre respectant celui du contenu.

Les documents électroniques reflètent en partie cette histoire, et, en partie, la renouvellent. Une page apparaît sur l'écran, mais nous avons en même temps des outils de « navigation » qui nous donnent accès au contenu dans son intégralité, présenté sous forme de bandeau de pages (que l'on peut faire défiler à l'aide des flèches « vers le haut » et « vers le bas », par exemple, ou en faisant glisser l'index sur un écran tactile). Nous disposons même parfois d'une sorte de carte globale du document sur laquelle un bandeau fait défiler la miniature des pages. Nous savons tous que cette modalité de consultation peut être assommante.

Selon Yves Guiard[1], chercheur au CNRS, ces solutions sont loin d'être satisfaisantes ; du moins sont-elles aussi peu satisfai-

1. Y. Guiard, O. Chapuis, Y. Du, M. Beaudoin-Lafon, « Allowing Camera Tilts for Document Navigation in Standard GUIs : A Discussion

santes qu'un simulateur de vol qui montrerait au pilote, non pas ce qui se trouve *devant* lui, mais ce qu'il y a au sol *sous* l'avion, comme à travers un hublot qui serait situé en dessous du fuselage. On apprendrait sûrement des choses sur la vitesse de l'avion en voyant défiler le sol, mais on ne *verrait* absolument pas où l'on va. Ce n'est pas par hasard que les navigateurs de conduite routière sont passés d'une présentation pénible de type « carte » à une présentation confortable de type « vue », qui nous montre en une seule perspective là où l'on se trouve et là où l'on va. L'idée de Guiard est que l'on doit ajouter à la métaphore de la « navigation » dans un document celle du vol et de la vue en avant. D'un point de vue technique, si l'on assimile la fonction faisant défiler le document à une caméra fixée sur le ventre d'un avion volant à la verticale du ruban, il s'agit simplement de donner du jeu à la caméra pour qu'elle puisse pivoter de façon à regarder en avant et en arrière. De cette manière, on peut voir la bande déroulante en perspective, et il est facile de localiser les points précis du document que l'on veut atteindre.

La facilité d'utilisation de cette « interface augmentée » est pourtant trompeuse. Premièrement, l'interface ne fonctionne au mieux que lorsque le document contient plusieurs éléments visuels saillants, comme des images ou des diagrammes, qui apparaissent en perspective, même si on les aperçoit en très petit et « de loin », et qu'ils sont difficilement reconnaissables. S'il n'y a, au contraire, que du texte, et que l'on regarde loin en avant, on n'aperçoit qu'une masse de mots indistincte – et on ne nous apprend rien en nous disant qu'après quelques pages la lecture nous réserve encore du texte. Deuxièmement, les

and an Experiment », in *Proceedings of AVI'06, the 8th International Working Conference on Advanced Visual Interfaces*, ACM Press, mai 2006, p. 241-244.

véritables concurrents de ce système de navigation sont les logiciels d'indexation, qui permettent de retrouver instantanément un mot dont on croit se rappeler qu'il pourrait être associé à une page du document. Troisièmement, la vision perspective d'un texte, à bien y réfléchir, n'est que le résultat d'un certain privilège accordé au livre papier et à sa matérialité. Comme si nous avions la nostalgie de la corporéité du livre, et comme si nous ne parvenions pas à l'imaginer comme quelque chose de purement abstrait. Nous voulons le voir, pas seulement le lire. Mais peut-être ces incertitudes montrent-elles surtout que nous ne savons pas encore ce qu'est vraiment un texte (une chose à regarder, à visualiser ou à indexer ?), et que nous n'avançons dans ce domaine qu'empiriquement, et à tâtons.

Peut-on vraiment demander à ne publier que des livres papier ?

Milan Kundera a demandé à ses éditeurs[1] que ses œuvres ne soient pas distribuées en format numérique. Il estime qu'on ne peut lire un livre (tout au moins *ses* livres) que sur papier. On a fait remarquer que les œuvres de Kundera, comme celles de n'importe qui d'ailleurs, sont disponibles dans tous les formats possibles, et qu'il suffit de toute façon de faire un tour sur Internet pour trouver des numérisations (illégales) plus qu'acceptables de *L'Insoutenable légèreté de l'être*. On pourrait donc penser qu'il s'agit là d'un dialogue de sourds. Néanmoins,

1. Comme il l'a lui-même raconté à l'occasion de la conférence du Prix de la BnF en 2012.

l'exemple est intéressant parce qu'il permet d'explorer les limites d'un concept extrêmement normatif : l'œuvre littéraire.

La demande formulée par Kundera ne vaut que si l'on peut aussi émettre un jugement normatif sur la façon dont est présentée une œuvre d'art. A-t-on toujours affaire à la *même entité* lorsque celle-ci est présentée dans des formats différents ? Tout le monde reconnaît que n'importe quelle copie imprimée d'un livre de Kundera achetée en librairie est aussi valable qu'une autre. J'imagine qu'il y a très peu d'auteurs assez fétichistes pour penser qu'un seul exemplaire de leur livre (peut-être l'exemplaire écrit à la main) vaut comme œuvre.

Mais observons quelques cas limites. Une photocopie ? C'est probablement un bon exemple, même si la photocopie pose des problèmes de droits qui interfèrent ici avec les intérêts de l'auteur. Et une lecture publique ? Un livre audio ? Et si l'on nous disait que seul Kundera en personne pouvait nous lire son livre, et uniquement en *live* ? En musique, la différence entre un *enregistrement* et une représentation *en direct* est fondamentale pour la majorité des gens. Et que dire d'une adaptation cinématographique ? Peut-être nous éloignons-nous de ce qui est acceptable d'un point de vue normatif. Si vous me dites que vous connaissez *L'Insoutenable légèreté de l'être* parce que vous avez vu le film avec Juliette Binoche et Daniel Day-Lewis, ne vous prendrai-je pas un peu de haut, moi qui ai lu le livre ? Et ceux qui ont pu lire le livre en langue originale ne me prendront-ils pas eux-mêmes un peu de haut ? (Peut-être Kundera est-il contre la traduction ou ne l'accepte-t-il qu'à contrecœur ? Peut-être veut-il priver les lecteurs malvoyants de la possibilité de connaître son texte, présenté sous forme audio ?)

La question du livre papier est encore différente. Ce que nous dit Kundera, c'est que la lecture est *une expérience complexe* ; et peut-être aussi a-t-il écrit ses livres en pensant à un lecteur qui pourrait se consacrer à cette expérience complexe, et pas à une autre. Ce n'est pas parce qu'on aura vu une adaptation cinématographique qu'on aura lu le livre. Et ce n'est pas parce qu'on aura lu un livre de Kundera sous format numérique – modalité de lecture qui n'était pas celle que l'auteur avait à l'esprit en écrivant, et que, en l'occurrence, il rejette expressément – qu'on aura pour autant vraiment *lu* un livre de Kundera. L'auteur n'aura pas réussi à atteindre son lecteur.

Surgissent alors d'autres interrogations : par exemple, que doit-on considérer comme un livre ? Est-ce qu'un objet de vingt mille pages sur chacune desquelles ne serait écrite qu'une seule phrase est un livre que Kundera nous autoriserait à lire ? Et un livre d'une seule page de deux mètres sur deux ? *A priori*, non. Dans tous les cas, l'expérience de lecture serait très différente de celle que permettent des éditions traditionnelles ; très différentes aussi les stratégies de l'attention et de la mémoire. Je pense que tout le monde est d'accord pour dire que ces exemples sont artificiels. Mais peut-être alors faudrait-il aussi convenir qu'un gadget électronique qui fait apparaître le texte une seule page à la fois, quand on appuie sur un bouton, nous offre une expérience de lecture très différente de celle du livre. Je ne dis pas qu'elle est meilleure ou pire ; je dis seulement qu'elle est différente. Et si, par certains côtés, chercher à interdire la migration numérique de Kundera n'a aucun sens (et surtout aucun effet), on ne peut pas pour autant considérer que son rappel normatif est sans fondement. La lecture est une expérience complexe ; elle ne se résume pas à avoir accès à un texte.

* * *

Nous avons fait tout ce chemin pour explorer les caractéristiques physiques, ergonomiques et sociales du livre papier. En résumé, le livre papier présente toute une série d'avantages *cognitifs* précisément là où l'on veut y voir des limites *technologiques* que le livre électronique permettrait de dépasser : la linéarité qui permet de faciliter la compréhension ; le fait d'offrir des arguments dans l'espace d'une page stable, et non pas fluctuante, qui permet d'avoir sous les yeux plusieurs pensées en même temps et rend possible le réexamen ; le relatif isolement par rapport aux artefacts cognitifs qui entreraient en concurrence avec la lecture ; le poids même du livre comme source d'informations. Transféré sur un support numérique, le livre devient quelque chose d'autre, parce que la lecture est différente, et aussi parce qu'il entre en compétition avec des concurrents prédateurs et aguerris.

2.

Le livre et l'école

Qui peut sauver les lecteurs (et la lecture) ?

Nous avons donc de nombreuses raisons de laisser la primauté au livre papier par rapport à ses nouveaux concurrents ; du moins nous faut-il reconnaître la complémentarité des modes de présentation d'un texte : sur papier ou sur écran. Il faut toutefois prendre en compte deux considérations bien distinctes. D'un côté, il s'agit de comprendre comment défendre la lecture sur papier, voire la lecture tout court. Et de l'autre, étant donné que les outils de lecture numériques envahissent *de toute façon* notre environnement, il faut chercher des stratégies pour les domestiquer, les insérer intelligemment dans notre vie, et ne pas se contenter d'être fasciné, sans s'interroger vraiment sur ce que l'on gagne et sur ce que l'on perd.

Nous savons bien que le livre est en difficulté, *même sans* concurrents. Plus d'un intellectuel[1], d'un enseignant et d'un éditeur en ont appelé aux bonnes volontés pour sauver la lecture des livres. De quoi devons-nous nous préoccuper, et quelles sont les priorités ? Les données dont nous disposons disent essentiellement deux choses : d'abord, que les grands lecteurs sont rares[2] ; et ensuite[3], que le facteur qui, de loin, influe le plus sur le nombre de livres lus par an est le fait d'*être issu de familles de lecteurs*. Les enfants et les jeunes gens qui lisent sont surtout ceux qui ont grandi dans un environnement riche en livres, et dont les parents (en particulier la mère) lisent.

Il est important de ne pas perdre ces lecteurs, et il est plus vital encore d'en encourager de nouveaux. Or, si ces données sont avérées, et que c'est la famille qui demeure encore aujourd'hui l'élément déterminant, *on se demande bien qui, sinon l'école, peut encourager la lecture*. L'école nous a appris à lire ; elle doit aujourd'hui nous apprendre *à lire beaucoup et en profondeur*. Je précise d'emblée que je me concentrerai surtout sur l'aspect institutionnel du problème, plutôt que sur son aspect motivationnel. Quand on met en cause la famille et l'école, il est toujours facile de verser dans la culpabilisation des parents et des enseignants. Or, en la matière, les appels désolés (du style « Lisez davantage ») ou les slogans, même sympathiques, comme

1. G. Steiner, « Les livres ont besoin de nous », in *Les Logocrates*, Paris, L'Herne, 2008 ; R. Darnton, *The Case for Books*, New York, Perseus, 2009.

2. Pour une vision d'ensemble très documentée : G. Solimine, *L'Italia che legge*, Bari, Laterza, 2010.

3. Cf. ISTAT, *La lettura dei libri in Italia*, année 2009 (12/5/2010). http://www.istat.it/salastampa/comunicati/non%20calendario/20100512%2000/testointegrale20100512.pdf

celui du tee-shirt déjà cité qui invitait à comparer les coûts de la connaissance et ceux de l'ignorance, ne suffisent pas. Ce sont en revanche de mesures incitatives, à petite et à grande échelle, et de solutions créatives de type institutionnel dont nous avons précisément besoin.

L'école et la lecture ont fait l'objet, ces dernières années, de nombreux rapports[1] qui ont fait apparaître des données convergentes. Le constat de l'érosion de la lecture, à cause du temps passé sur les réseaux sociaux, devient particulièrement préoccupant étant donné la propagation massive de ces réseaux qui frappent les jeunes de plein fouet. Parmi les différents scénarios possibles, un, en particulier, mérite notre attention : le passage, progressif mais quasiment inévitable à moyen terme, à des écoles toujours plus équipées en matériel informatique *individuel* (PC portable ou tablette), menacera la lecture approfondie au cœur même du système scolaire, et, en prime, sous couvert institutionnel. C'est pourquoi l'idée selon laquelle l'iPad et ses succédanés seraient « le livre du futur », et qu'il faudrait les introduire dans toutes les écoles, doit être considérée avec la plus grande précaution. Comme on l'a vu, l'iPad est l'espace le moins protégé de tous parce qu'il crée une situation dans laquelle, alors même qu'on est en train de lire, un seul clic nous sépare littéralement de millions d'applications et de vidéos potentiellement plus intéressantes ou, quoi qu'il en soit, moins pénibles à regarder, et de messages des réseaux sociaux toujours très pressants et très attirants. Une des rares

1. Par exemple, les rapports du CENSIS/UCSI, qui se sont succédé ces dernières années, sur la communication et en particulier sur les modes de lecture des Italiens. (www.censis.it)

études longitudinales (assurant un suivi sur plusieurs années) sur l'efficacité et les différents usages du PC dans le secondaire a été publiée en juillet 2009 par le département des Landes, qui avait déjà lancé, en 2001, une initiative visant à doter tous les collégiens d'un ordinateur portable[1]. Parmi les nombreuses observations de ce rapport, les enseignants (dont on nous dit qu'ils utilisent quasiment tous l'ordinateur pour préparer leurs activités pédagogiques, et qu'ils ne sont pas, somme toute, les derniers venus en informatique) considèrent que les étudiants sont moyennement distraits par l'utilisation de l'ordinateur en classe. Tous ceux qui ont vu leurs étudiants prendre des notes sur PC individuel ou sur tablette auront remarqué le « regard diagonal » qui guette dans le petit coin en bas à droite de l'écran les dernières discussions sur le *chat* ou les dernières mises à jour du profil d'un ami.

Le cœur du problème : saurons-nous protéger l'apprentissage ?

La réponse économique est celle qui vient immédiatement à l'esprit, mais je la passerai sous silence, car on peut assurément continuer à financer généreusement l'industrie du livre, l'aider

1. Voir TNS Sofres, « Étude d'évaluation de l'opération "un collégien, un ordinateur portable" ». Synthèse des principaux résultats de l'enquête quantitative », Comité de pilotage-Conseil général des Landes/Rectorat, 2009, http://www.landesinteractives.net/enquetes-etudes-sondages. Voir également le rapport 2011-2012 de l'Inspection générale de l'Éducation nationale, « Le Plan Ordicollège dans le département de la Corrèze », http://cache.media.education.gouv.fr/file/2013/80/3/2011-112_ORDICOLLEGES_240803.pdf, rapport lui-même assez réservé sur l'efficacité pédagogique du projet.

à opérer sa migration vers le numérique ou protéger le prix unique du livre en librairie[1], mais à quoi tout cela pourrait-il bien servir si, par ailleurs, l'industrie du tout-et-n'importe-quoi continue inexorablement d'éroder le temps consacré à la lecture ? Il n'est d'ailleurs pas certain que les intérêts de l'industrie du livre et les intérêts de la société qui cherche à préserver et à défendre la lecture soient nécessairement convergents. Je n'ai aucun mal à imaginer – simple expérience de pensée – un éditeur heureux de vendre des livres que personne ne lira (des livres qu'on achète et qu'on offre, par exemple, parce que « ça fait bien » ; des titres que le ministère de l'Éducation nationale achète à la pelle en format électronique pour les écoliers ou les étudiants dans le cadre de telle ou telle campagne de « numérisation de l'école »).

Ce qui me paraît utile, en revanche, c'est une vraie réflexion sur les espaces institutionnels, une réflexion solide à opposer aux appels à la lecture dont j'ai rappelé plus haut qu'ils ne servent qu'à culpabiliser les lecteurs et les aspirants lecteurs ainsi que leurs familles et leurs éducateurs. Les pages qui suivent veulent contribuer à cette réflexion. J'essaierai de montrer comment la technologie, le *design* et la pédagogie peuvent s'articuler dans un contexte institutionnel propice à la lecture, comme peut l'être l'école. Je le répète : l'école est importante précisément parce que tout le monde n'a pas la chance d'avoir à la maison une mère qui lit, et plus encore parce que l'école est une institution.

---

1. G. Roncaglia, *L'editoria fra cartaceo e digitale : i numeri e le ragioni di una crisi*, Ledizioni (ebook). Publié à l'origine sur Nazione Indiana, 2012.

De quelles marges de manœuvre disposons-nous, et comment les utiliser ?

Un renversement de perspective s'impose. On ne doit pas se focaliser *simplement sur l'utilisation directe* des technologies numériques en classe, mais sur les avantages *indirects* que procure un minimum de créativité dans l'utilisation de ces technologies, quand cela a du sens. S'ouvrent alors d'immenses espaces pour repenser l'enseignement. S'il est une métaphore de l'enseignement dont on peine à se débarrasser, c'est celle de l'enseignant comme *courroie transporteuse* : « l'enseignant transmet des contenus à un élève » ; c'est elle aussi qui conditionne les projets visant à introduire les outils numériques à l'école. Si l'enseignant ne sert qu'à « transmettre des contenus », pourquoi ne pas lui substituer n'importe quel autre transmetteur de contenus, sûrement plus « fiable », docile, maîtrisable, évaluable : un véritable *maître électronique* ? Or, ce n'est pas parce qu'on rend numérique la courroie transporteuse ou qu'on ajoute des contenus multimédias, interactifs ou autres, qu'elle change de nature : transmetteuse de contenus elle était, transmetteuse elle restera.

LE *DESIGN* DU TEMPS : TUTEURS À LA DEMANDE OU À HEURE FIXE ?

Vous allez très vite comprendre pourquoi je fais appel à un exemple apparemment assez éloigné de notre sujet. En marge des usages pédagogiques de la technologie, on trouve la possibilité de mieux gérer le « capital temps », ce qui permet de libérer des ressources en les utilisant de façon innovante. Jetons un œil au dialogue suivant :

(15 : 37 : 58) **Smartie** : Salut, l'aire d'1 trgle c'est « base x hauteur/2 » ?
(15 : 39 : 30) **Dr Math** : oui, content de te revoir
(15 : 41 : 42) **Smartie** : Merci beauc. Et comment on trouve le périmètre
(15 : 42 : 33) **Dr Math** : côté + côté + côté
(15 : 43 : 06) **Smartie** : OK. merci beauc
(15 : 43 : 57) **Dr Math** : Salut

Même les plus virulents détracteurs du langage SMS (qui trouvent qu'il corrompt la langue et détruit l'orthographe) conviendront qu'il y a quelque chose d'intéressant dans cet échange entre le Dr Math et Smartie (pseudonyme). Le langage mathématique est si compact que la communication concise sur téléphone ne le trahit en rien. Peut-être cela ne va-t-il pas très loin, et manque-t-il des figures (même si nous avons des raisons de penser que les figures ne sont pas si essentielles à la compréhension mathématique), mais il est évident qu'un très grand nombre d'expressions algébriques ($2y + 1 = 5$, $y = ?$) se prête au format succinct des textos. Mais qui sont Smartie et le Dr Math ? Le premier est un élève d'une école sud-africaine ; le second est un étudiant de la Faculté des Sciences de l'Université de Pretoria qui, grâce à sa participation à ce projet éducatif, acquiert des crédits de formation. Le projet, développé par Laurie Butgereit de l'Institut Meraka[1], consiste à offrir un soutien scolaire (l'après-midi : les élèves ne peuvent pas poser de questions pendant les heures de cours !) pour des problèmes

1. http://researchspace.csir.co.za/dspace/bitstream/10204/1785/1/Butgereit1_2007.pdf; http://blogs.up.ac.za/jcp2008/index.php/maths-on-mxit-van-der-westhuizen/

Voir L. Butgereit, *Math on Mxit : the medium is the message*, 13th Annual National Congress of the Association for Mathematics Education of South Africa (AMESA), White River South Africa, 2-6 juillet 2007, p. 15.

mathématiques de niveau collège-lycée, jusqu'à la trigonométrie. En réalité, cela ne passe pas par les SMS, trop chers, mais par un système de messagerie instantanée, MXit, qui permet d'envoyer des messages à un prix dérisoire. La messagerie MXit a été retenue parce qu'elle était très populaire auprès des élèves ; bien trop populaire en fait, étant donné son coût très faible, au point de susciter l'indignation des parents qui n'hésitent pas à confisquer les téléphones. L'idée de Butgereit a donc été de détourner cette popularité à des fins éducatives. Le service a rencontré un succès remarquable, et bien qu'il n'y ait pas encore d'études quantitatives sur l'amélioration des résultats scolaires, certains indices laissent à penser que les élèves jugent ce service utile. Il a d'ailleurs pris en compte les difficultés d'un dialogue à distance qui confronte anonymement un adulte à un mineur en demandant aux enseignants de souscrire à une charte éthique, et en enregistrant systématiquement tous les messages.

C'est un projet bien conçu ; un bon exemple de ce qu'il est possible de faire pour repenser efficacement l'école à partir de la transformation technologique. C'est un exemple qui, par sa simplicité et son caractère pratique, tranche avec l'approche messianique de la technologie, avec l'attente d'un ordinateur quasi magique, d'une *« killer app »* qui remplacerait le maître, le rendrait électronique ou l'« augmenterait ». Cela montre qu'un immense espace de création est ouvert pour repenser les processus éducatifs à partir de micro-interactions qui n'ont pas besoin de la plus haute technologie, et qui se contentent d'interfaces minimalistes comme celles du SMS. Pour comprendre un des avantages de ce système, pensez au modèle alternatif de tutorat : l'heure de réception. C'est sûrement une excellente chose, mais lorsqu'on est confronté à une difficulté, c'est *tout de suite* que l'on a besoin d'éclaircissements, pas lundi prochain à quatre heures de l'après-midi, et sur rendez-vous. Par ailleurs, la composante « verticale » du projet est intéressante : on offre des crédits aux étudiants de la Faculté des Sciences pour un module où il leur est demandé de diffuser des connaissances dans la société à laquelle ils appartiennent. Pour des pays souffrant d'une baisse des vocations scientifiques, c'est déjà un premier pas utile, un premier contact direct entre le secondaire et l'Université.

LE *DESIGN* DU TEMPS : QUI A PEUR D'UN MOIS PASSÉ À LIRE ?

Le micro-tutorat peut permettre de dégager du temps et de mieux l'organiser. J'ai commencé par cet exemple parce que l'éducation est, de fait, le *design* de la situation d'apprentissage. Son capital premier et le plus précieux, c'est l'organisation du temps. Mais que faire du temps en général ? Pendant à peu près *douze ans, jour après jour*, et *à longueur de journée*, élèves et étudiants sont tenus dans un espace physiquement séparé et protégé de ce qui survient à l'extérieur, dans la famille ou dans la société. Nous avons la chance, et la responsabilité, d'utiliser ce temps de façon utile et créative. Le faisons-nous ?

Parlons-en. Il y a des *horaires* à respecter qui prévoient une fragmentation dans l'apprentissage des matières à traiter (l'heure de maths fait suite à l'heure d'anglais qui fait suite à l'heure de français). Il existe d'autres possibilités. Prenez, par exemple, l'enseignement de la trigonométrie : il s'agit d'un ensemble de notions que l'on peut facilement enseigner sur deux semaines de travail continu et intensif, et en faisant ensuite des « rappels » (comme un rappel de vaccin) avec des contrôles à intervalles réguliers qui ont prouvé leur efficacité[1].

Là encore, j'aimerais donner aussitôt un exemple qui montre comment on peut réorganiser le temps scolaire pour inciter à la lecture. Si le contexte a son importance, alors quelques remaniements dans le *design* de la situation de lecture devraient suffire à donner au livre un nouveau souffle. Avec certains enseignants et élèves de lycée, j'ai eu l'occasion de discuter de la proposition d'un « mois de la lecture ». Un mois à voler au programme, un mois durant lequel les étudiants ne feraient rien d'autre que lire, du matin au soir, avec comme seul objectif de lire *un livre par jour*, et de soumettre à la fin de la journée une brève présentation, écrite ou orale, ou une courte vidéo, ou n'importe quoi d'autre d'ailleurs, mais qui permette de montrer qu'ils ont gardé une trace de la lecture.

Cette proposition comporte deux aspects importants : l'aspect institutionnel (on utilise les heures d'école), et l'aspect « massif » (l'utilisation d'un temps long, sans interruption).

Je le répète : les étudiants liraient pendant un mois entier *un livre par jour*, chacun un livre différent, *en classe*, et ils ne feraient rien d'autre. Même chose pour les enseignants. Et même, pourquoi pas, pour le directeur et tout le personnel de l'école. Si ce qui menace la lecture, c'est l'érosion de l'attention sous l'effet du numérique ou de l'invasion des réseaux sociaux, l'école pourrait, et donc devrait, offrir des temps

---

1. D. Rohler, H. Pashler, « Increasing Retention Without Increasing Study Time », *Current Directions in Psychological Science*, 2007, vol. 16, 4, p. 183-186.

protégés comme celui-là. Montrons qu'il est possible de lire un livre *entier en un temps raisonnablement court.* Faisons faire aux élèves, à l'école, ce que la société ne fait *pas.* Protégeons l'espace de la lecture : en suspendant les cours et le programme, on signale clairement quelles sont les vraies priorités. Utiliser le temps scolaire pour lire, c'est *envoyer un signal fort sur l'importance de la lecture.* En effet :

> *Si la lecture est vraiment importante, pourquoi demander aux étudiants de lire à la maison, pendant les vacances, mais pas à l'école ?*

Si on la considère comme vraiment importante, prouvons-le en lui dédiant un *espace institutionnel.* Pour citer un rapport du de 2003[1] :

> Ce n'est pas un hasard si l'on affirme que c'est à l'école en priorité de faire naître et croître chez les jeunes l'amour de la lecture. Sans aucune intention polémique, nous nous permettons toutefois de faire remarquer qu'après d'épuisantes et pesantes lectures, surtout les lectures estivales, vécues avec l'angoisse d'avoir à remettre des analyses de texte compliquées, du plaisir et de l'amour il ne doit pas en rester beaucoup. Ce que disent nos données, malheureusement, est que, passé l'âge de l'école, celui qui continue à lire le fait avec passion et grand plaisir.

Institutionnaliser la lecture massive *à l'école* permettrait aussi de corriger l'aberration produite involontairement par les anciens programmes, pré-numériques mais encore actuels, de lecture fragmentée, et dans lesquels le fait de passer un *an*

1. *Giovanni e media,* CENSIS/UCSI, 2003, http://www.censis.it/17?shadow_pubblicaeione=6208

à lire *L'Éducation sentimentale* suggère inconsciemment, mais inéluctablement, qu'« un livre est quelque chose qu'on met un an à lire ».

Il existe des exemples de bonnes pratiques institutionnelles qui signalent aux élèves et aux étudiants que la lecture est la priorité de l'école. Dans certaines écoles Montessori, les élèves peuvent à tout moment abandonner une activité, quelle qu'elle soit, pour se mettre à lire. En France, à l'école publique, les enfants peuvent, s'ils le souhaitent, utiliser le temps de la récréation pour lire ; on ne les oblige pas à jouer.

L'école présente un énorme avantage dont elle ne semble pas avoir conscience, et que d'autres, très nombreux, cherchent sciemment à détruire. Elle est, *déjà*, un environnement protégé au sein duquel on devrait apprendre à élaborer l'information, et ne pas se contenter de la chercher ou de la subir. Elle est déjà un environnement protégé dans lequel il n'est pas possible de « zapper », et où le temps et les objectifs sont comptés. Encore une fois : cet avantage institutionnel est en même temps une responsabilité. L'école peut reconfigurer son temps propre ; son *design* fait loi. À la maison, les obligations sont, en général, mineures : la télévision est allumée, une sonnerie signale l'arrivée d'un SMS, Internet est toujours à portée de main et, pour tenir les enfants tranquilles, parfois le plus simple est encore de leur filer le téléphone avec un petit jeu vidéo. Demander avec insistance aux élèves de lire davantage à la maison, c'est leur dire, d'un côté, que la lecture est, au fond, marginale, et, de l'autre, c'est jouer avec leur sens du devoir (et avec leur sens de la culpabilité, toujours en embuscade) pour essayer d'obtenir un résultat que l'on ne parvient pas à obtenir à l'école.

L'immense avantage de l'école par rapport aux environnements extra-scolaires dévoilerait au contraire tout son potentiel avec l'institutionnalisation de la lecture.

Comment étendre ces parcours de lecture protégée, y compris aux parents ?

Pourquoi se limiter au temps des cours ? Pourquoi ne pas ouvrir davantage l'école comme moteur de lecture ? On aurait besoin de bibliothèques scolaires, fournies et libres d'accès, ouvertes aux parents, avec la possibilité de rapporter et de garder pour un certain temps les livres à la maison, de façon à remplir les étagères domestiques. On pourrait offrir aux élèves au début de l'année une petite bibliothèque en carton pour les aider à créer un espace de livres à eux à la maison. On pourrait imaginer, sur le modèle de ce qui se fait dans certaines villes, des bibliothèques d'échanges (expérimentées déjà de nombreuses fois en France). Ce peut être un kiosque dans un espace public où vous pouvez déposer les livres déjà lus, et prendre librement ceux laissés par d'autres lecteurs. D'habitude, on trouve cela dans la rue, dans certains centres commerciaux ou dans des gîtes d'étape. Cela mériterait une plus grande exposition, plus institutionnelle : à l'école, au bureau, et dans les bibliothèques publiques ! Autrement dit, dans des espaces moins anonymes, et plus proches de l'idée même que l'on se fait du livre et de la lecture. Il existe d'autres idées pour *rendre participatives* les bibliothèques, pas seulement scolaires : une ONG sud-africaine, Chimurenga, a proposé un parcours de renvoi du livre numérique au livre papier. Les pratiques consistant à donner des recommandations, et à « tagger » les contenus numériques ont été importées au sein de la bibliothèque papier : des volumes présents sur les étagères, on voit pendre des étiquettes sur lesquelles les lecteurs peuvent écrire des conseils, leur impression, donner une note ou même faire un dessin. Tout cela pour dire que l'on peut envisager la *high-tech* comme une réserve d'idées pour des technologies moins avancées : on peut retirer de la lecture numérique quelque chose de positif pour le livre papier.

Le *design* de l'espace : qui a peur d'une table privée dans une bibliothèque publique ? Et qui a peur d'un pouf ?

Le grand potentiel d'Internet et l'accessibilité illimitée des contenus invitent aussi à repenser de fond en comble les bibliothèques. En effet, si l'information est, littéralement, omniprésente tout autour de nous, quel avantage peut bien avoir une bibliothèque ? Si l'on veut être prévoyant, il faut de nouveau penser à la *protection de l'attention*, et pas seulement parce que les bibliothèques font barrage à l'ubiquité de l'information (elles ne le peuvent pas, et, surtout, quel sens cela aurait-il ?). Au contraire, elles pourraient être repensées de façon à offrir à leurs usagers un espace de travail *permanent et personnalisé* qu'ils puissent investir de leur présence et *retrouver tel quel jour après jour*. Aujourd'hui, la bibliothèque est conçue comme un édifice complètement impersonnel et ouvert. On ne peut en aucun cas en faire un lieu privé. Or, la lecture *est* privée. Si les bibliothèques veulent vraiment attirer de nouveaux *lecteurs* ou aider leurs usagers à défendre la lecture, elles ne devraient pas (seulement) s'équiper en nouvelles technologies, en Wi-Fi et en écrans en tout genre, mais profiter de l'avantage dont elles disposent sur la maison et le smartphone. Comme l'école, elles sont par elles-mêmes des espaces protégés. Aller à la bibliothèque pourrait être une expérience extraordinaire et libératrice pour de nombreux étudiants, adolescents, travailleurs, chômeurs, pour ceux qui ont une famille à charge, et qui n'ont pas chez eux d'endroit où lire (télévision toujours allumée, arrivée de SMS, etc. – et qui peut s'offrir aujourd'hui un bureau ?). La bibliothèque « personnalisée » leur permettrait de retrouver jour après jour leur propre table de travail intacte, avec leurs livres, mettons pour une semaine ou un mois, dans un contexte où beaucoup d'autres personnes également retrouveraient leur table personnelle. Cela ferait d'eux, pour une courte période, des *habitués*.

Et qui a peur du canapé ? Les étudiants de la bibliothèque d'Assas de l'Université Paris 2 peuvent aussi se laisser aller à somnoler dans un de ces poufs douillets que l'on trouve éparpillés dans l'*open space*. Il faut dire, en passant, que ces poufs ont le double avantage de rendre la bibliothèque moins austère et de s'attaquer de front au redoutable tabou du sommeil qui empoisonne la société tayloriste ; cette véritable interdiction formelle de se reposer dans des lieux publics n'a aucune justification, ni logique, ni morale.

En dehors des questions de temps ou d'espace, on pourrait aussi travailler sur la *quantité*. Les bibliothèques municipales parisiennes permettent d'emprunter avec une seule carte jusqu'à vingt livres. Une famille de quatre personnes peut donc rapporter quatre-vingts livres à la maison en ayant fait un tour seulement à la bibliothèque. Attention : on peut parfaitement prendre autre chose que des essais ! (Mes filles rentrent chez nous les sacs pleins de bandes dessinées.) Mais le simple fait de créer une disponibilité crée une habitude. Ainsi, inévitablement, on finit par lire un grand nombre de livres à la maison.

* * *

Dans ce chapitre, j'ai tenté de fournir un premier lot de cartouches en vue de la bataille pour la défense de la lecture. L'essai imprimé sur papier est cognitivement parfait, mais il n'est pas un objet à usage immédiat. L'école enseigne à lire, mais elle doit enseigner également la lecture approfondie. Parce que je ne suis pas un luddiste, j'ai à cœur d'offrir des propositions constructives et concrètes, et même, à la rigueur, importées du monde numérique (comme dans le cas des « tags papier » sur les livres de la bibliothèque). Les écoles et les bibliothèques disposent encore d'innombrables espaces d'action créative, en particulier si l'on repense le temps et l'espace. Il est surtout important d'utiliser activement les leviers institutionnels, afin d'éviter d'instiller culpabilité et frustration chez les élèves et leurs familles. La lecture approfondie est une des richesses de la société contemporaine, et la société doit la défendre au plus haut niveau possible avec des réponses institutionnelles adéquates.

3.

Le mythe du natif numérique

La grande mutation anthropologique est-elle vraiment en marche ? Les « natifs numériques » sont-ils une réalité ?

Nous en arrivons aux aspects épineux de la question. On pourrait m'objecter : « Tu te préoccupes de la gestion de l'attention, mais tu ne vois pas ce qui est en train de se passer. Le *multitasking*, qui consiste à faire plein de choses en même temps, est aujourd'hui parfaitement intégré dans les comportements. Ceux qui sont *nés avec Internet* et les jeux vidéo savent très bien se diviser, se partager entre plusieurs activités. L'école n'a plus qu'à s'adapter à cette Grande Mutation Anthropologique, qui est en cours. Tu es un gutenberguien, au mieux un "immigrant" numérique, tu dois essayer de t'adapter à la manière de penser des "natifs numériques". »

On entend souvent parler, en effet, d'une prétendue « mutation anthropologique » qui serait liée à l'utilisation massive, dès l'enfance, des nouvelles technologies. On parle de « natifs numériques », qui seraient capables de naviguer efficacement avec la plus parfaite aisance dans une forme constante de dispersion.

Halte-là !

Il n'existe aucune donnée claire qui vienne confirmer ces allégations. Il est vrai que les gens sont de plus en plus *obligés* de vivre et de travailler de cette manière, mais rien ne dit qu'ils le fassent *bien*. Et, certes, la vie des enfants est toujours plus colonisée par la télévision et les jeux vidéo, mais rien ne dit que l'esprit puisse vraiment être éduqué à la dispersion (encore moins qu'il *doive* l'être). En effet, l'esprit *subit* la dispersion, et il n'y a pas de quoi s'en réjouir. S'il n'existe aucune *donnée* sur la mutation anthropologique, le problème que l'école doit affronter *n'est pas de devoir s'adapter à de chimériques nouveaux types d'intelligence, mais de faire en sorte que l'intelligence et la culture puissent éclore et s'épanouir dans un contexte où la dispersion rend cette mission difficile.*

L'estampillage « natifs numériques » a été rendu célèbre, et même très célèbre, par Marc Prensky, dans un article publié en 2001 [1]. En 2010, le terme a été repris par Paolo Ferri, professeur à l'Université de Milan-Bicocca, dont le livre, qui porte ce même titre, a rencontré un certain écho en Italie [2]. Parmi les nombreux textes parus ces dernières années, je choisis de prendre ces deux-là pour cibles parce qu'ils me paraissent assez représentatifs d'une

1. M. Prensky, « Digital Natives, Digital Immigrants », *On the Horizon*, vol. 9, 5, Bradford (West Yorkshire), MCB University Press, 2001.

2. P. Ferri, *Nativi digitali*, Milan, Bruno Mondadori, 2011.

certaine manière – dans laquelle je ne me reconnais absolument pas – de créer des débats et des tendances sur un mode anxiogène. Voici, en résumé, les arguments que je développerai dans les pages qui suivent : la plupart des thèses-clés de Prensky et de Ferri n'ont pas de réel fondement empirique ou conceptuel. C'est-à-dire, dans l'ordre :

– il n'existe *pas* de population de « natifs » numériques, à moins d'entendre « natifs » dans un sens très superficiel et sans grand intérêt ;
– nous n'avons *pas* de raison de penser qu'il existe une intelligence numérique spécifique ;
– donc, nous ne devons *pas* nous mesurer aux problèmes présumés d'une population de personnes qui auraient une intelligence radicalement différente de la nôtre (les extraterrestres ne sont pas parmi nous[1]) ;
– les effets positifs des gadgets électroniques sur les performances scolaires sont pour le moins *douteux* ;
– donc, nous ne devons *pas* peupler l'école de gadgets électroniques pour poursuivre le rêve d'effets pédagogiques en réalité inexistants ;
– le *multitasking* n'est *pas* une nouvelle manière d'agir et de penser, mais un ordre subi à cause d'un mauvais *design* et de l'inertie technologique, et donc
– il doit être *combattu*, et non *pas* considéré comme acquis.

Retroussons nos manches. Déjà, le terme « natifs » – numériques ou autres – est extrêmement ambigu. Dans le domaine

1. À l'évidence, la prudence n'est pas le fort de Ferri qui, dans ses interventions en ligne, va jusqu'à parler d'« une nouvelle *espèce* en voie d'apparition » (P. Ferri, *Chi sono i Nativi digitali ?*, http://www.youtube.com/watch?v=hYSxvwdtKso). Pareil usage métaphorique de termes empruntés à la génétique, comme « mutation », peut convenir pourvu seulement que soient clairement signalées les limites de la métaphore.

cognitif, on parle de « natifs » en calquant l'anglais qui utilise *native speaker* pour désigner une « personne de langue maternelle X ». Nous savons que les « locuteurs natifs » – nous le sommes tous, au moins pour une langue – acquièrent dans la petite enfance la maîtrise de leur langue maternelle et atteignent des niveaux de compétence jamais égalés par ceux qui apprennent la même langue en dehors de la fenêtre d'apprentissage. (Je vis en France depuis de nombreuses années, mais ma prononciation du français est incontestablement moins bonne que celle de mes toutes jeunes filles, scolarisées en France depuis la maternelle[1].) L'analogie nativiste établie entre l'apprentissage du langage et la capacité à manipuler des interfaces numériques est tout à fait hors de propos tant qu'on n'a pas démontré qu'il s'agit là d'un type de compétence semblable à la compétence linguistique. Par exemple, un usage indu de l'analogie nous conduirait à dire que les enfants qui apprennent à lire à partir de quatre ou cinq ans sont des « lecteurs natifs » ou des « natifs littéraires ». Or, la maîtrise de la lecture n'a rien à voir avec celle de la communication orale verbale, et on peut d'ailleurs apprendre à lire très tard dans sa vie (j'ai appris, par exemple, à lire le français à l'âge adulte, mais ma compétence dans ce domaine est, pour le moment, bien supérieure à celle de mes filles). Si l'on veut utiliser intelligemment la formule de « natif », il faut d'abord pouvoir dire si les prétendus natifs numériques s'apparentent aux locuteurs natifs ou aux « natifs littéraires », et l'hypothèse la plus simple est qu'ils s'apparentent aux seconds. Dans ce cas, il n'y a pas de quoi s'affoler.

1. Pour une remarquable synthèse des résultats de la linguistique sur l'apprentissage, voir S. Pinker, *The Language Instinct*, New York, William Morrow and Co., 1994 (*L'Instinct du langage*, trad. Marie-France Desjeux, Paris, Odile Jacob, 1999).

Il existe ensuite un sens encore plus creux et parfaitement trivial de cette thèse, d'après lequel serait un natif numérique toute personne née, disons, après les années 1990. Nous sommes peut-être tous d'accord sur ce point, mais le coup de force du colonialiste numérique est de chercher un consensus sur une thèse inoffensive pour ensuite faire remarquer, par surprise, qu'il se réclamait en réalité d'une thèse beaucoup plus forte, à savoir que les natifs sont faits d'un tout autre bois mental.

Pourquoi n'existe-t-il pas d'intelligence numérique[1] en tant que telle? Pour la même raison qu'il n'existe pas d'intelligence *spécifique* à la littérature, à la gastronomie ou au cyclisme. Certes, on peut, si l'on veut, parler d'intelligence cycliste, mais alors la notion d'intelligence est banalisée. Tout ce que nous apprenons, et même tout ce à quoi nous sommes habitués, deviendrait un type d'intelligence. Je m'explique. Ferri, suivant une proposition assez controversée d'Howard Gardner[2], professeur d'éducation et de cognition à Harvard, établit une liste des critères auxquels toute manifestation humaine devrait satisfaire pour être considérée comme une forme d'intelligence en soi, et essaie de démontrer que, justement, il existe une intelligence spécifiquement numérique. Ces critères vont de la preuve d'objectivité (relevé d'images neuronales attestant d'une activité cérébrale spécifique) à la plausibilité phylogénétique ; de la présence de deux sous-domaines au moins à celle d'un système de notation particulier (comme les notes pour la musique, par exemple) ;

1. « Intelligence numérique » traduit « *digital intelligence* », ce qu'il ne faut pas confondre avec « intelligence arithmétique » ou « intelligence mathématique ».

2. H. Gardner, *The Development and Education of the Mind*, Londres, Routledge, 2006.

de l'existence de degrés de compétence (débutant, expert, etc.) à l'interaction avec d'autres formes d'intelligence et à la possibilité d'une mesure objective. Aujourd'hui, la thèse de Gardner soulève de nombreuses critiques ; mais même en admettant qu'il n'existe pas d'intelligence générale, c'est surtout l'utilisation très désinvolte de ces critères pour prouver à tout prix l'existence d'une forme d'intelligence numérique qui nous laisse sceptique. Le même Ferri écrit par exemple à propos du premier critère (le critère biologique) que les données ne peuvent pas être interprétées[1], sauf qu'il les interprète bel et bien par la suite comme des preuves en faveur d'un marquage neuronal de l'utilisation constante et répétée des médias numériques.

Et même si c'était le cas ? Même si on parvenait à démontrer qu'il existe un corrélat biologique particulier chez les enfants gardés pendant cinq ans dans une pièce entièrement peinte en blanc par rapport à ceux qui grandissent dans un environnement coloré, irait-on jusqu'à parler d'une intelligence « albicane » ? La discussion des autres critères laisse tout aussi perplexe : la succion (mécanisme d'« ouverture/fermeture »[2]) serait un précurseur phylogénétique de l'intelligence numérique ; l'usage des symboles comme « @ » serait la preuve d'une codification symbolique spécifique. Les supposés sous-domaines (« minimiser la quantité d'informations, utiliser les informations recueillies dans l'environnement extérieur et adapter rapidement le système senso-perceptif à la nécessité de l'interface digitale[3] ») sont extrêmement vagues et semblent correspondre à la bonne vieille

1. P. Ferri, *Nativi digitali*, *op. cit.*, p. 82.

2. *Ibid.*, p. 83. Ferri reprend des arguments un peu différents de ceux de Bruner et du neuro-scientifique Antonio Battro, partisan du projet OLPC (*One Laptop Per Child.* « Un ordinateur pour chaque enfant »).

3. *Ibid.*, p. 85.

capacité à explorer un environnement. Rien de nouveau sous le soleil, sinon qu'aujourd'hui on explore aussi métaphoriquement des environnements numériques.

Il est aisé de comprendre ce qui se joue ici : Ferri, et avant lui Prensky (et Gardner, en partie) prennent pour une forme d'*intelligence* le simple fait d'avoir appris à savoir faire certaines choses, voire de s'être habitué à des objets qui le font pour nous. Il n'y aurait là qu'un problème terminologique si ne pointaient pas derrière ces mots des fantasmes théoriques servant à justifier des positions lourdement normatives.

Le moment est venu d'aller voir en quoi consisterait ce « savoir-faire » numérique. Nous découvrons qu'il s'agit de :

> L'habileté cognitive à utiliser l'alternative « oui/non », « action/inaction » à l'intérieur du nouvel espace numérique de l'écran – devenu la technologie caractéristique de la transmission du savoir. Par exemple... la possibilité d'activer ou de ne pas activer un lien hypertexte à l'intérieur d'une page web, ou la possibilité, plus complexe du point de vue cognitif, de tracer un parcours intentionnel à travers les liens, c'est-à-dire de suivre, par le biais d'une décision spécifique, tel ou tel lien sur une page Internet ou un parcours déterminé de jeu sur une console[1].

Pincez-moi, je rêve ! Si c'est cela l'intelligence dont nous discutons, il est temps de revoir à la baisse toutes nos ambitions éducatives. S'il s'agit au contraire d'un simple « savoir-faire », parmi les milliers sur lesquels peuvent se baser les parcours d'apprentissage, alors nous sommes en train de faire *beaucoup de bruit pour rien.* En effet, s'il y a ici quelque chose de cognitivement défini, ce n'est rien de plus que la capacité, dans un

1. *Ibid.*, p. 75.

contexte donné, à prendre des décisions à l'aide de la mémoire et du langage. Nous l'avons déjà dit, il n'y a là rien de spécifique : il s'agit d'une capacité générale, plus ou moins déclinable dans l'environnement de l'écran tactile ou du clavier.

Autre élément de contexte. Ferri fait grand cas de ce qu'« aujourd'hui, tous les citoyens du monde ont accès, potentiellement du moins, à des centaines de millions de gigabytes d'informations grâce à Internet, voire à toute la connaissance du monde[1] ». Voici un autre terme qu'il convient d'utiliser avec précaution : « connaissance ». Il faudrait à présent clairement distinguer, et ne pas risquer de les confondre, l'accès à l'*information* et l'accès à la *connaissance*. Personne ne nie qu'on ait aujourd'hui accès à l'information. En revanche, l'expression « accès à la connaissance » n'a strictement aucun sens si, par « connaissance », on entend la connaissance véritable, le fait de connaître. Avoir accès à l'énoncé du théorème de Pythagore ne veut pas dire le lire (en l'occurrence, il faut le lire) : lire n'est pas encore comprendre (il faut faire attention à ce qu'on lit, l'élaborer, le mettre en rapport avec ce que l'on sait déjà), et comprendre n'est pas encore connaître (il faut étudier, expérimenter, démontrer, s'exercer, maîtriser).

Le savoir-faire des prétendus natifs numériques n'est pas une forme d'intelligence ni même de connaissance, sinon, précisément, dans le sens, faible, d'une compétence – et d'une compétence pratique en plus, au mieux une habitude. Et cette pratique même, comme on l'a vu, n'a rien d'extraordinaire : il ne s'agit de rien d'autre que d'effectuer des choix binaires en cliquant ou en ne cliquant pas sur un lien hypertexte, de collationner des liens et de les partager avec les membres d'un réseau social, opérations

1. *Ibid.*, p. 51.

vantées par Ferri et autre colons numériques comme autant de traits caractéristiques de la prétendue mutation anthropologique.

Le rôle central du *design*

Comment en sommes-nous arrivés à tant de confusion ? Et, en partant de là, où allons-nous ? Fabrizio Tonello, qui enseigne la science de l'opinion publique à l'Université de Padoue, met le doigt sur le nœud du problème quand il fait observer quelle a été la principale raison de la diffusion massive des ordinateurs personnels[1]. À un certain moment, grâce aux magiciens du *design*, nous n'avons plus eu besoin de lire le mode d'emploi : il nous a suffi d'ouvrir la boîte, de brancher la prise, et de commencer à utiliser ces instruments numériques comme des prothèses semi-naturelles. Notez – et ce n'est pas négligeable – que les prétendus « immigrants » en font *tout autant* que les prétendus « natifs » numériques.

Vous aussi, n'est-ce pas, vous avez remarqué le nombre croissant de papis et de mamies qui jouent avec l'Ipad ? Leur génération a basculé du jour au lendemain dans la révolution informatique, et, toute réfractaire qu'elle fût aux claviers et aux câbles électriques, elle s'est engouffrée sans même s'en rendre compte dans la révolution du *design*. Regardez autour de vous : les extraterrestres sont bien parmi nous. La dame d'un certain âge qui, dans l'autobus, fait glisser son doigt sur l'écran tactile d'un smartphone, le grand-père Martin qui fait du *babysitting* à distance via Skype, la tante Léonie qui paramètre son navigateur

1. F. Tonello, *L'Età dell'ignoranza*, Milan, Bruno Mondadori, 2012.

pour aller rejoindre un cousin à Melun, la tendre maman de Toulouse qui, grâce à Internet, fait livrer des courses au domicile de son fils parti faire ses études à Mayence. Avez-vous constaté une *quelconque difficulté* chez les plus de soixante ans à cliquer sur une icône, suivre des liens hypertextes, faire de simples choix binaires, etc., autrement dit à manifester une stupéfiante intelligence numérique ?

Réfléchissez-y un instant. Apple ne veut certainement pas se priver d'une part de marché en vendant des ordinateurs que seule une petite minorité d'amateurs de modes d'emploi serait en mesure d'utiliser. Son marché est global et vertical. Nous aimons *tous* ouvrir une boîte et commencer à utiliser des objets hyperergonomiques et *user-friendly*.

Or, comme le rappelle le prix Nobel d'économie Paul Krugman[1], si parler d'*« user-friendly »* revient à admettre une baisse de la compétence nécessaire à l'utilisation d'un certain objet, alors une société numérique sera une société dans laquelle la majorité des ordinateurs pourront être placés entre les mains de *parfaits incompétents technologiques* ; ce qui signifie par là même que la technologie *diminue*, plus qu'elle n'augmente, les besoins en travail qualifié. Voici la nouvelle frontière du *digital divide*, le fossé numérique : de moins en moins de concepteurs de projets et de *designers* hyperqualifiés qui créent des objets de plus en plus complexes en réalité et *user-friendly* en apparence, pour une population grandissante d'utilisateurs qui se limitent à accomplir des choix qui sont – par *design* – simples, binaires,

1. P. KRUGMAN, « Technology's Revenge », *The Wildons Quarterly*, automne 1994, p. 56-64.

immédiats, et qui ne requièrent aucun approfondissement intellectuel. Il suffit d'avoir un minimum d'intuition, et quelques émotions prêtes à l'emploi.

Si l'on revient à Prensky, l'inventeur de la formule de « natifs » numériques (qui s'oppose selon lui à celle d'« immigrants » numériques, autre catégorie très mal définie), il vaut la peine d'aller voir de plus près les vraies raisons, interne et externe, ayant conduit à l'adoption de sa formule. La raison interne est liée aux données sur l'utilisation des médias par les étudiants de première année dans les universités américaines. Selon Prensky, un étudiant (américain) qui entre à l'Université aurait derrière lui 5 000 heures de lecture, 10 000 heures de jeux vidéo et 20 000 heures de télévision. Parfait. Curieusement, face à cette donnée, la proposition de Prensky est de baisser les bras, de donner *encore plus* de jeux vidéo aux étudiants pendant les heures de cours, et d'inviter les enseignants à redéfinir leur mode d'être en classe de sorte que le cours finisse par ressembler à un jeu vidéo. Et que fait-il comme travail Prensky, pendant qu'il écrit son article fondateur, cité aujourd'hui comme une source scientifique ? Concepteur de jeux vidéo. Peut-être ne devrait-on pas trop se préoccuper des conflits d'intérêts ; ou peut-être bien que oui.

La technologie en classe aide-t-elle vraiment l'apprentissage ?

Abordons enfin la question du rapport entre l'utilisation de gadgets électroniques et les résultats scolaires qui est fondamentale et qui mériterait à elle seule un livre.

Mettons un instant de côté le « si tu peux, tu dois ». Pour quelles raisons devrions-nous introduire les nouvelles technologies à l'école ? Certainement pas, du moins plus maintenant, pour combler le fossé numérique (le fameux « *digital divide* ») : les jeunes ont à la maison, ou dans leur poche, plus de technologies que l'école n'en aura jamais. Pour quelles raisons alors ? Et c'est reparti pour un tour : « On trouve des activités éducatives incroyables sur ordinateur ; les jeunes d'aujourd'hui sont ainsi, et il faut s'adapter à leur tournure d'esprit ; à l'information globale il faut donner un accès global ; cela a fonctionné à merveille dans le secteur bancaire, pourquoi cela ne fonctionnerait-il pas à l'école ? » Or, ce sont là des arguments idéologiques.

On devrait malgré tout se demander s'il existe des données justifiant les investissements dans la technologie ; par exemple, des données sur le *rendement scolaire*. Évidemment, ces données n'existaient pas (et pour cause !) au moment où ces technologies ont été introduites : leur introduction était une expérience à l'aveugle – ce qui en dit long sur la qualité des décisions publiques. On commence aujourd'hui à avoir des données, et quelles données ! Le même Ferri semble sidéré par le principal bilan, selon lequel :

> les étudiants qui obtiennent les meilleurs scores dans l'enquête PISA[1] ne sont pas, dans l'absolu, ceux qui font un usage quotidien des technologies à l'école. Les meilleurs scores, en effet, sont obtenus par des étudiants qui vivent et étudient dans des écoles et

1. L'enquête PISA est une enquête menée tous les trois ans auprès de jeunes de 15 ans dans les pays membres de l'OCDE et dans de nombreux pays partenaires, et visant à évaluer l'acquisition des savoirs et savoir-faire essentiels à la vie quotidienne au terme de la scolarité.

des familles possédant ces technologies, mais qui, par ailleurs, n'y recourent pas trop fréquemment pendant les heures d'école[1].

Que l'on ne se méprenne pas : la stupéfaction de Ferri s'explique uniquement par le fait que ces données affaiblissent considérablement les thèses normatives défendues par ceux qui ne voient dans l'école qu'une arrière-garde par rapport au nouveau monde numérique en marche.

En creusant dans les données du sixième volume du rapport PISA de 2011, qui concerne une immense population, 450 000 étudiants âgés de 15 ans dans 65 pays, Marco Gui de l'Université de Milan-Bicocca a fait le point[2] sur le rapport qui existe entre la fréquence d'utilisation des moyens numériques et les niveaux d'apprentissage. L'analyse de Gui est on ne peut plus intéressante : les nouvelles technologies s'associent positivement à l'apprentissage pour peu qu'on en fasse un usage modéré. À partir du moment où ces technologies deviennent envahissantes et qu'elles colonisent le temps, le rendement décroît jusqu'à un seuil inférieur à celui atteint *sans* l'aide des technologies. Une remarque méthodologique s'impose : on parle ici de corrélation, et non, pour le moment, de rapports de causalité directs, étant donné que l'identification de ces derniers nécessiterait des études expérimentales. Toutefois, cela suffit amplement à nous faire douter (le rapport PISA a les mêmes données sous les yeux, mais demeure plus évasif sur les conclusions). Les seuls avantages (minimes) ont trait à ce que le rapport PISA appelle insidieusement « lecture numé-

1. P. Ferri, *Nativi digitali*, *op. cit.*, p. 18-19.

2. M. Gui, « Uso di internet e livelli di apprendimento. Una riflessione sui sorprendenti dati dell'indagine PISA 2009 », *Media Education*, mars 2012.

rique », autre terme de la sémantique floue qui fait le bonheur des colonialistes, et que j'appellerais plutôt « picorage ». À y regarder de plus près, la « lecture numérique » est l'habileté à se balader à travers des liens hypertextes, à faire des copier-coller, à cliquer pour dire « j'aime » et autres choses du genre. Ce serait un comble que ces « compétences » ne s'améliorent pas au moins un peu à force d'utiliser frénétiquement l'ordinateur. Et encore, à trop l'utiliser, même ces compétences-là régressent ! Mais le plus grave est que les autres compétences, les vraies compétences, bien plus sérieuses – la lecture, les mathématiques, la science –, en pâtissent.

Ce qui est surtout très impressionnant, c'est que là où le rendement chute le plus, c'est quand est colonisé non pas le temps extrascolaire, mais le temps scolaire. Comme si l'école offrait un rempart à l'érosion mentale produite par les nouvelles technologies, et que, une fois le rempart tombé, rien ne pouvait plus arrêter l'érosion.

Nous devons attendre d'autres données qui prennent mieux en compte les facteurs socio-économiques. Pour le moment, le rapport entre l'accès aux technologies et de bons résultats scolaires peut parfaitement s'expliquer par une hypothèse très simple : les résultats scolaires dépendent du statut socio-économique et du niveau d'éducation des parents (niveau d'éducation dépendant lui-même à son tour du statut socio-économique) ; ceux qui réussissent bien à l'école proviennent d'un milieu socio-culturel élevé, et ceux-là ont, *par ailleurs*, plus de chance d'avoir à leur disposition un ordinateur et un accès à Internet. La disponibilité des prothèses numériques serait alors l'*indice* d'une condition sociale, pas la *raison* du succès scolaire[1] et, comme dans la parabole des talents, on donnera à celui qui a – et il deviendra encore plus riche –, et à celui qui n'a pas on ôtera même ce qu'il a.

Si les études semblent montrer que l'effet de l'utilisation des technologies sur les résultats scolaires est assez *infime*, du moins modeste[2], et qu'il dépend d'un usage limité des technologies (autrement dit : plus on les utilise, moins les résultats sont bons), nous devons tous nous mobiliser pour que l'école fasse plus *ailleurs*, dans d'autres champs d'intervention. On sait, en effet, que s'il existe quelques améliorations, elles sont ridicules comparées aux autres interventions éducatives comme :

1. J'ajoute une considération socio-économique qu'il vaudrait la peine d'explorer. Si l'on donne démocratiquement à tous une tablette à l'école, faisant ainsi des élèves et des parents heureux, étant donné que l'on aura mis sur les bancs scolaires la vitrine d'un *app store*, il faudra aussi tenir compte des différences de statut : les écoliers nantis auront plus d'applications, les écoliers moins nantis moins d'applications. On aura beau jeu ensuite d'imposer l'uniforme scolaire, comme en Italie, pour essayer de masquer ces différences.

2. R. Schulmeister, « Gibt es eine "Net Generation" ? », Hambourg, décembre 2009, www.zhw.uni-hamburg.de/pdfs/Schulmeister_Netzgeneration.pdf; L. Cantoni, S. Tardini, « Generation Y, Digital Learners, and other Dangerous Things », *Qwerty*, 2010, vol. 5, 2, p. 15-25 ; K. Toyama, « There are no technology shortcuts to good education », *Educational Technology Debate*, janvier 2011. Ce dernier texte reprend toute la littérature sur les améliorations rarissimes et extrêmement coûteuses liées aux technologies à l'école. Pour la méthodologie, voir OCSE, *Assessing the Effects of ICT in Education Indicators, Criteria and Benchmarks for International Comparisons*, 2010. Quant aux problèmes méthodologiques des rapports « encourageants », la seule chose qui se trouve en général mesurée, et que l'on considère automatiquement comme positive, est la quantité de technologies que l'on peut trouver à l'école. Les études sur l'impact soit n'existent pas, soit semblent tendancieuses : quand aucun résultat scolaire n'apparaît, elles passent à des études qualitatives sur ce que pensent les enseignants, les étudiants et les parents.

– l'enseignement d'élève à élève[1] ;

– l'autocorrection ;

– une bonne organisation temporelle des devoirs à faire à la maison[2] ;

– le développement explicite de l'esprit critique[3] ;

– la démystification de l'idée que l'intelligence est un don[4] ;

– et de bons enseignants motivés (peut-être aussi payés correctement)[5].

Si le devoir des politiques publiques est aussi d'arbitrer entre différentes possibilités d'amélioration, il faut prendre en compte, d'un côté, les résultats de la recherche sur l'efficacité, et, de l'autre, le rapport entre les coûts et les bénéfices des interventions : introduire massivement – et sans discernement – la technologie à l'école ne se justifie ni d'un côté ni de l'autre. Il est même profondément tragique que l'introduction inconsidérée, et sans projet d'avenir, de la technologie soustraie des ressources à des politiques bien plus efficaces.

---

1. J. A. Hattie, « Measuring the Effects of Schooling », *Journal of Education*, 1992, vol. 36, 1, p. 5-13.

2. Voir D. Rohrer, H. Pashler, « Increasing Retention Without Increasing Study Time », *op. cit.*

3. Par exemple : S. Higgins, « Does ICT improve learning and teaching in schools ? », A Professional User Review of UK Research undertaken for the British Educational Research Association, 2003.

4. L. Blackwell, K. Trzesniewski, C. S. Dweck, « Implicit Theories of Intelligence Predict Achievement Across an Adolescent Transition : A Longitudinal Study and an Intervention », *Child Development*, 2007, vol. 78, 1, p. 246-263.

5. C'est « l'effet enseignant ». Voir P.-Y. Cusset, « Que disent les recherches sur l'"effet enseignant" ? », Centre d'Analyses Stratégiques, Note d'analyse 232, juillet 2011.

« Vous ne fûtes pas créés pour vivre *dispersés*[1] »

Poursuivons. Reste la question du *multitasking*, le fait de se consacrer à tout un tas de choses plus ou moins en même temps. Découvrir pourquoi la dispersion de l'attention fait désormais partie de la vie courante, c'est aussi comprendre si cela constitue vraiment un problème et comment, éventuellement, y remédier – surtout si l'école en est en partie responsable. Le terme de *« multitasking »* nous vient du monde informatique et désigne le fait d'être engagé dans plusieurs activités en parallèle, chose que les ordinateurs font remarquablement bien, pour la bonne raison que le *multitasking* est intégré dans leur conception. Appliqué au comportement humain, le *multitasking* a un sens trivial et un sens beaucoup plus contraignant. Au sens trivial, il renvoie à la capacité qu'a notre cerveau de faire un très grand nombre de choses simultanément (si ce n'était pas le cas, vous ne pourriez même pas tenir ce livre dans vos mains pendant que vous lisez). Le problème est que ces opérations sont parfaitement inconscientes. En ce sens, le *multitasking* n'est pas un fait culturel, puisque même le cerveau des poules opère ainsi.

Quand on parle de *multitasking*, on a toutefois à l'esprit quelque chose de tout à fait différent et de bien plus contraignant : une division de l'attention consciente sur plusieurs tâches en même temps. Or, l'attention consciente est terriblement jalouse : vous ne pouvez pas remplir votre déclaration de revenus pendant que vous récitez une tirade du *Cid* et que vous peignez une nature morte. Ce que vous faites, en réalité, c'est plutôt passer continuellement d'une activité à l'autre. Autrement dit, le *multitasking* conscient

1. En référence au vers célèbre de Dante (*Enfer*, XXVI, 119) : « Vous ne fûtes pas créés pour vivre comme des bêtes. » *(NdT)*

n'existe pas. On devrait plutôt parler de «*task switching*», cousin germain du «*zapping*». Nous continuerons d'utiliser le terme de «*multitasking*», mais en gardant tous ces éléments à l'esprit.

D'après de nombreuses études empiriques, le *multitasking* serait coûteux et potentiellement dangereux[1]. Le passage continu d'une tâche à l'autre comporte des pertes de temps qui, pour minimes qu'elles soient, finissent par s'accumuler, et par éroder le temps consacré à chacune de ces multiples activités. On repère tous très facilement au ton de la voix et aux pauses suspectes que l'ami avec qui l'on discute au téléphone est «en même temps» en train de lire ses mails sur son écran: de nombreux indices nous permettent de savoir si notre interlocuteur nous accorde toute son attention. Et l'on voit bien que cela lui *prend du temps* de revenir au sujet de notre conversation.

Si la dispersion n'est pas naturelle, elle n'est pourtant pas non plus une fatalité, et elle a des causes bien précises. L'une des principales causes de la dispersion est la perméabilité de la frontière entre vie privée et école, ou travail.

Stefana Broadbent, anthropologue de la cognition à l'University College London (UCL), étudie les us et coutumes en vigueur au sein des environnements numériques, la façon dont les gens intègrent les technologies dans leur vie quotidienne. Sa recherche sur l'intimité au travail[2] révèle quelque chose de très intéressant pour notre sujet: sur cent contacts d'un réseau social, nous ne dialoguons «étroitement» qu'avec quatre

---

1. Voir le numéro de la revue de l'*American Psychological Association* du 20 mars 2006 («Multitasking: Switching costs»).

2. S. Broadbent, *L'Intimité au travail: la vie privée et les communications personnelles dans l'entreprise*, Limoges, FYP Éditions, 2010. Voir également le site www.usagewatch.org

ou cinq membres, et cela constitue 80 % des échanges ; ces échanges étroits sont, en outre, *multicanaux*, au sens où ils sont diffusés sur SMS, téléphone, email, *chat*, vidéo *chat*.

Les liens d'intimité sont, pour ainsi dire, « tenaces » : si un canal est déconnecté, les autres restent toujours actifs. Cette ténacité a une conséquence importante : lieu de travail et école tendent à être envahis par ces échanges auxquels, *en vertu même de leur multimodalité*, il est difficile de résister. La puissance des réseaux sociaux ne s'alimente pas du désir de communiquer des connaissances ou de réaliser de grands projets en commun ; au contraire, c'est le besoin d'intimité qui en a assuré le succès planétaire. Une enseignante d'un bon lycée littéraire à Rome me confiait les difficultés auxquelles était confronté le corps enseignant avec tous ces téléphones portables que les élèves gardent toujours allumés en classe, à la demande *des parents* qui veulent garder le contact avec leurs enfants en toute situation, sait-on jamais. La thèse de Broadbent est que le cordon sanitaire finira par céder face au cordon ombilical : le téléphone *doit* rester allumé. Mais je n'ai pas l'intention de baisser les bras sans me battre ou sans avoir, au moins, soulevé le problème.

Caroline Datchary, sociologue à l'Université de Toulouse, a étudié en détail le *multitasking* dans différents milieux professionnels[1] : du *trader* en constante alerte attentionnelle dans un environnement saturé de réseaux d'informations jusqu'au responsable d'une équipe d'intervention dans les égouts, là où il n'y a « aucun réseau » et que l'on se retrouve déconnecté du monde. Le premier accepte la dispersion parce qu'il a peur que quelque chose lui échappe ; le second fait tout pour l'éviter

1. C. Datchary, *La Dispersion au travail*, Toulouse, Octares, 2010.

en essayant d'anticiper l'erreur potentiellement fatale dans un contexte hostile.

Le *multitasking* dépend du contexte. Difficile à gérer parce que l'esprit est fondamentalement réfractaire à cette façon de procéder, il exige un investissement et un effort particuliers. On relève (une fois de plus) le rôle joué par le *design*. Dans les environnements numériques, le *multitasking* est une conséquence collatérale de choix de *design* opérés par le passé sans y avoir vraiment réfléchi, et que l'on n'avait pas du tout anticipée. Broadbent fait remarquer que lorsque vous construisez une page web – un blog, par exemple – ou que vous remplissez votre profil sur un réseau social, l'option par défaut consiste à travailler à partir de champs multiples qui créent instantanément et inexorablement une dispersion des objets ; à ce moment-là, le chemin est tout tracé et les contenus (le message qui arrive, la mise à jour indispensable, la tâche du jour) doivent rivaliser entre eux pour attirer l'attention, qui en fait les frais.

Si nous ne fûmes pas créés pour vivre dispersés, nous devons chercher des solutions et, pour le moment, il ne semble pas exister de solutions générales. On peut, par exemple, comme le propose Datchary, *récompenser* le *multitasking* : comme ce n'est pas une façon naturelle de travailler, cela exige une énergie particulière, un effort supplémentaire par rapport à l'exécution sérielle des tâches. On peut aussi renégocier la normativité quotidienne, au cas par cas. Vous allez à une réunion ou vous donnez un cours pendant lequel vos interlocuteurs ont tous leur ordinateur allumé devant les yeux ou la tête penchée sur leur Blackberry, et ils ont tous l'air d'être ailleurs et de faire autre chose ? Essayez ceci :

> Un moment d'attention, s'il vous plaît. À l'évidence, nous avons tous besoin d'être sur le *chat* ou de consulter nos mails. C'est la raison pour laquelle je vous propose de faire une pause toutes les 45 minutes, mais pour le moment, j'ai besoin de toute votre attention. Merci.

Ou encore :

> La présence en classe n'est pas seulement physique, mais également psychophysique. Merci.

Et dans le contexte scolaire ? J'essaierais, tout simplement, d'éviter toute forme d'intrusion du *multitasking*, quelle qu'elle soit. Les étudiants doivent pouvoir travailler sans être distraits, et l'enseignant a besoin de l'attention de ses étudiants pour savoir si ce qu'il fait est bien.

Je répète qu'il est possible de profiter du *design* institutionnel déjà en place. Il faudrait défendre les espaces protégés dont l'école dispose déjà, et résister à l'introduction sans condition des instruments qui encouragent le *multitasking*, si ce n'est carrément son cousin M. Zapping. C'est justement parce que les écoliers et les étudiants ont derrière eux des milliers d'heures de jeux vidéo et de télévision dans le monde extrascolaire que nous devons adopter une position prudente et responsable lorsque nous décidons de laisser, ou non, les technologies coloniser aussi le temps scolaire.

En un mot, le design *a cherché pendant des décennies des solutions pour capter l'attention. Il est temps à présent de chercher des solutions qui la protègent.*

La *Sachertorte*

Nous devons disposer d'un bon modèle de la situation actuelle pour savoir comment réagir. Si le modèle des « natifs numériques » est incorrect, si nous ne sommes pas à l'aube d'une nouvelle espèce ou d'une nouvelle forme d'intelligence, il nous faut trouver meilleure description. Se peut-il que le magnétisme cognitif des écrans et des gadgets électroniques constitue une forme de dépendance au même titre que la dépendance à l'alcool ou aux stupéfiants ? Ce modèle alternatif a joui d'un certain succès ces dix dernières années en ce qui concerne, en particulier, la consommation de jeux vidéo, laquelle semble dévorer tout le temps libre des adolescents et éroder le temps dédié à d'autres activités[1]. L'Académie des sciences a essayé de faire le point sur la question dans un rapport[2] publié en 2013. Une analyse de la littérature existante ne permet pas de déduire qu'il faille parler d'addiction au sens fort de dépendance chimique, comme c'est le cas pour les drogues, dures ou douces, ou pour l'alcool.

Comment expliquer alors la fascination qu'exercent les écrans ? Elena Pasquinelli[3] propose un troisième modèle que

1. Les statistiques sur les heures passées devant un écran ont fait l'objet de nombreux rapports et de nombreuses recommandations. Les *National Institutes of Health* utilisent l'étude de J. Henry, « Generation M^2: Media in the Lives of 8-18 Year Olds », Kaiser Foundation, 2010, en comptant en moyenne une heure de jeux vidéo par jour et quatre heures et demie de télévision.

2. J.-F. Bach, O. Houdé, S. Tisseron, P. Léna, *L'Enfant et les écrans. Avis de l'Académie des sciences*, Paris, Le Pommier, 2013.

3. E. Pasquinelli, *Irresistibili Schermi*, Milan, Mondadori, 2012. Par souci de clarté, je précise que je suis co-responsable avec Elena Pasquinelli et

j'aimerais rebaptiser : le « modèle de la *Sachertorte* ». Si vous voulez que vos enfants mangent de la salade, la dernière chose à faire est de la servir *après* quatre tranches de *Sachertorte*, ou de la poser sur la table entourée de quatre parts appétissantes ; dans un tel contexte, dire aux enfants « mange ta salade » ou « c'est important de manger de la salade, c'est bon pour la santé » ne sert à rien, et se trouve contredit par cette présentation absurde (par le *design* alimentaire).

Nous ne sommes pas des *natifs Sacher* et nous ne sommes pas *dépendants* aux *Sacher*. Il se trouve simplement que notre espèce a évolué dans un environnement pauvre en sucres et en graisses et que notre organisme conserve la trace de cette antique pénurie dans sa prédilection pour les bonbons, la friture et la *Sachertorte*. C'est pour cela qu'*à chaque fois* que l'on nous met face au choix « salade ou *Sachertorte* », on doit *lutter contre* la *Sacher*, et non pas contre la salade. (Pensez à quel point il serait absurde de dire : « Fais un régime sec : *renonce* à la salade et ne mange que des sucreries ! »)

Il n'y a pas de nouvelles formes d'intelligence ; il n'y a pas de nouvelles vagues de drogués ou d'alcooliques électroniques, seulement des individus parfaitement normaux mis face à des décisions terriblement conditionnées par la façon dont sont présentées les alternatives, par exemple entre un texte un peu ardu et la énième vidéo du chat qui peint.

Daniel Andler du module « Éducation, Cerveau et Cognition » au CogMaster EHESS-ENS-P5. Le rapport de l'Académie des sciences a comme complément un module pédagogique : E. Pasquinelli, C. Zimmerman, A. Bernard-Delorme, B. Descamps-Latscha, *Les Écrans, le cerveau… et l'enfant*, Paris, Le Pommier, 2013.

Dans le modèle de la *Sachertorte*, les prétendus « natifs numériques » sont remis à leur place : loin d'être porteurs de nouveaux profils cognitifs captivants, ils témoignent en réalité d'une involution vers des formes de cognition présymboliques, dans lesquelles l'effort cognitif est délégué à la machine mise en route par des opérations simples et « intuitives » (écarter les doigts pour agrandir une photo, regarder passivement une vidéo, etc.).

J'ai insisté pour dire « à chaque fois » : étant donné qu'il ne s'agit pas d'une addiction à la *Sachertorte* et qu'il n'y a pas de crise d'abstinence à la *Sachertorte* (même si le réalisateur Nanni Moretti n'est peut-être pas de cet avis[1]), le problème se posera *à chaque fois* que nous serons confrontés à l'alternative « *Sacher* ou salade ». Autrement dit, il ne se pose pas dans l'abstrait, mais dans un *contexte précis*. Cela suggère la solution au problème : il suffit de ne *pas* proposer d'alternative entre ce que nous voulons faire manger ou lire à nos enfants et ce que l'évolution a fait que leur organisme privilégie (graisses, sucres et images colorées en mouvement). Il faut travailler sur le contexte, sur le *design* de la situation à l'intérieur de laquelle on présente la lecture[2].

---

1. De sa société de production à sa société de distribution, en passant par un festival du court métrage, une salle de cinéma et une récompense, la « *Sacher* » est omniprésente ; elle est citée dans *Bianca* (1983) comme étant sa pâtisserie préférée. *(NdT)*

2. Pour une discussion très intéressante sur la façon dont la présentation de la nourriture conditionne les choix alimentaires, voir R. H. Thaler, C. R. Sustein, *Nudge. Improvising Decisions about Health, Wealth and Happiness*, Yale University Press, 2008.

Comment l'école peut-elle résister à la normativité automatique ?

Les exemples que l'on vient d'évoquer laissent déjà apparaître en filigrane une autre question fondamentale qui requiert discussion : la nouveauté technologique, qui est un élément *factuel*, semble entrer en scène parée d'une *irrésistible normativité* : « Tout le monde a un téléphone portable, donc on *doit* pouvoir l'utiliser à l'école ; tout le monde voudrait avoir une tablette, donc les livres scolaires *doivent* migrer sur tablette ; la société innove, donc l'école *doit* enseigner à innover. » Mais comme les philosophes le savent bien, il est extrêmement difficile de passer de l'être au devoir-être, et l'on ne peut que se méfier de cette prétention à une *normativité automatique*. Pour le dire vite, il suffit de très peu pour se convaincre que l'argument de « l'écart » entre l'école et la société ne va pas très loin. Il y a tellement de choses qui ne se font pas à l'école et que l'on fait en dehors : regarder la télévision, dormir, vendre des vêtements, recevoir la visite de ses grands-parents. L'école n'est certainement pas en recul ou en décrochage par rapport à la société parce qu'elle proscrit ces activités durant les heures de cours. Tout cela pour dire que ce n'est pas « l'écart » en soi qui fait problème.

Je propose une fois de plus de considérer cette situation comme un problème de *design*. L'école peut être considérée comme un *espace protégé* – protégé parce qu'*inerte*, extrêmement lent et réticent à l'innovation – par rapport à la normativité automatique qui se calque sur un changement technologique rapide et enivrant, mais aussi erratique et imprévisible (en 2000, personne n'aurait imaginé l'explosion des réseaux sociaux). De ce point de vue, on devrait trouver très intéressant que les étudiants aillent à l'école pour faire aussi des choses très *différentes* de ce qui se fait *habituellement* dans la société : passer des heures à résoudre un problème abstrait de mathématiques, écrire une dissertation sur l'automne, dessiner, ou même tout simplement rester physiquement assis dans une classe et parler avec des personnes (relativement) différentes d'eux. On peut ensuite débattre de ce qu'il faut enseigner à l'école – faut-il enseigner Voltaire plutôt que Camus ou la trigonométrie plutôt que la statistique ? – mais, quoi qu'il en soit, il vaut la peine d'observer que l'école a une longueur d'avance quant au contrôle de l'espace et du temps et que l'on ne doit pas gaspiller ce précieux capital.

Combien coûte un projet mal conçu ?

J'ai évoqué le *multitasking* comme étant le produit collatéral de choix de *design* que nous subissons sans réussir vraiment à les négocier. Le thème du *design* bâclé a été développé par Jaron Lanier, un des mythes vivants de la Silicon Valley, inventeur des premiers systèmes multi-agents de réalité virtuelle immersive (si ce n'est du terme même de « réalité virtuelle »), et ayant collaboré au développement de la téléchirurgie. Son livre *Vous n'êtes pas un gadget*[1] balaie les questions les plus diverses, des vieilles interrogations sur l'intelligence artificielle à la question de savoir s'il est possible de construire un ordinateur qui pense, de l'avenir de la créativité aux nouveaux gadgets électroniques, du meilleur modèle commercial pour la musique aux voies qu'aurait pu emprunter la révolution numérique. Étant donné que la Silicon Valley fait la pluie et le beau temps en ce qui concerne le *design*

1. J. Lanier, *You Are Not a Gadget*, New York, Knopf, 2010.

numérique, il n'est pas inintéressant d'avoir une vue d'ensemble, en un certain sens philosophique, de la part d'un *insider* qualifié.

La vision est pour le moins claire :

> Je suis entré dans l'ère Internet avec d'immenses attentes. Je me voyais déjà ressentir un choc, une intensité, des sensations nouvelles ; je m'attendais à être propulsé dans des territoires esthétiques sauvages et exubérants, et à me réveiller chaque jour dans un monde plus riche dans ses moindres détails parce que mon esprit s'était développé grâce à une nouvelle forme d'art[1].

Malheureusement, voilà ce que l'on trouve dans les sociétés de la Silicon Valley :

> [...] des salles remplies d'ingénieurs avec des doctorats du MIT qui ne cherchent pas de nouveaux traitements contre le cancer ou des sources sûres d'eau potable pour les pays en voie de développement, mais qui travaillent sur des projets permettant à des membres d'un réseau social d'envoyer de petites images numériques de nounours et de dragons[2].

Que s'est-il passé ? Lanier soutient deux choses. La première est que le web présente certaines caractéristiques de *design* qui sont le fruit de contingences historiques. Les interfaces à barre de commande (« http:// ») dans la fenêtre de recherche de nos navigateurs ou les cadres, évoqués plus haut, qui fragmentent l'attention, sont de parfaits exemples de reliques d'anciennes formes d'interaction avec les ordinateurs. Le web ne fonctionne pas grâce à des programmes idéaux, simples et élégants parce que petits, mais grâce à des méga-programmes qui sont le résultat de rafistolages

1. *Ibid.*, p. 127.
2. *Ibid.*, p. 182.

continus, et dont le fonctionnement se révèle surprenant même pour leurs programmateurs ! En un sens, l'*informatique fondamentale* (*« computer science »*) ne serait rien d'autre que l'effort théorique pour comprendre comment fonctionnent les méga-programmes. Cet ensemble de facteurs expliquerait que les choix qui pouvaient sembler utiles pour résoudre un certain problème à un moment donné soient par la suite devenus opaques, qu'ils aient été renforcés par des facteurs contingents, et qu'ils aient conditionné pendant des décennies et continuent encore aujourd'hui de conditionner la façon dont nous utilisons les machines.

L'exemple très éloquent donné par Lanier – musicien par ailleurs – est le MIDI, système qui gère la quasi-totalité de l'information musicale produite sur ordinateur, et compile les sonneries de milliards de téléphones différents. Le MIDI (*Musical Instrument Digital Interface* : « interface numérique pour instruments musicaux ») a été créé pour faire communiquer entre eux le clavier d'un synthétiseur et un ordinateur. Mais parce qu'il est devenu le format standard pour l'information musicale, il a obligé les ordinateurs à « voir » tous les instruments de musique comme des *claviers*. L'ontologie du MIDI est une ontologie composée de notes discrètes, réifiées et absolutisées. La musique qui en résulte est une musique discrétisée. La conséquence en est que la créativité musicale rendue possible par les ordinateurs est aujourd'hui fortement limitée ; elle oblige à penser en notes. Le geste analogique à l'origine de la musique, la voix chantante, le *legato*, tout cela disparaît de la scène ou nous revient fragmenté en échantillons que l'on peut adapter aux gestes discrets de celui qui opère avec un clavier[1].

1. Pour regarder au-delà du clavier, voir le travail de Marcelo Wanderley de l'Université McGill.

Un autre exemple est la reconceptualisation des *personnes* à partir de leur interaction avec des machines dont le *design*, issu de choix opaques, produit des ontologies appauvries. Lanier renverse le test de Turing de manière amusante. Le test de Turing consiste à opérationnaliser l'intelligence pour voir si l'on peut dire d'un ordinateur qu'il est intelligent. C'est un test épistémologique : si « en dialoguant » avec une interface (par exemple, en écrivant des questions et en lisant les réponses sur un écran) vous n'arrivez pas à savoir s'il y a, « derrière », une personne en chair et en os ou une machine, eh bien on pourra dire, s'il s'agit vraiment d'une machine, qu'elle est intelligente. À en croire Lanier, les programmateurs ne se soucieraient même plus aujourd'hui de construire une machine dont le comportement simule celui d'un être pensant au point qu'on ne puisse plus les distinguer ; le problème est résolu à la base puisque les usagers s'inclinent volontairement face aux machines quand ils épousent les choix prédéterminés qu'elles leur proposent. Les machines doivent imiter des êtres humains qui ressemblent de plus en plus à des automates. Comme si, en acceptant de nous conformer à une image diminuée de nous-mêmes, qui nous réduit à n'être que des appendices des machines, des variables de leurs algorithmes, nous nous efforcions, implicitement, d'aider les machines à réussir le test de Turing.

L'exemple des réseaux sociaux est éloquent. L'interface nous propose une grille de choix qui définira notre « profil », et qui ne prévoit ni cas intermédiaires, ni situations ultérieures, ni doutes : « Jean Dupont a modifié son statut de "célibataire" à "en couple". » (Bien sûr, après quelques années, il y a aussi « relation compliquée » – qui sait ce que cela veut dire, et quel message est adressé à ceux qui vous lisent ?) La dépersonnalisation n'est pas sans conséquence quand il s'agit de savoir s'il existe, ou si l'on doit créer, une éthique du web. Là encore, une réflexion sur le *design* nous donne des éléments d'explication et de compréhension. D'un côté, l'anonymat est déjà dans l'ADN du web, avec tous les comportements que l'anonymat entraîne : la prolifération d'injures, la foule numérique qui se ligue pour attaquer une personne ou un produit, le jaillissement de *trolls* sur des forums. D'un autre côté, les ontologies simplifiées des réseaux sociaux poussent les gens à se voir (et à voir les autres) dans ces grilles sémantiques, avec, à leur tour, tous les comportements typiques qu'entraîne la dépersonnalisation. À titre de comparaison, je peux créer un *design* éducatif par lequel je permets aux adolescents d'utiliser un pistolet à eau en classe, ou un *design* de *talk-show* où tout le monde est masqué et où la discussion n'est pas modérée, mais seulement interrompue par un gong toutes les six minutes ; dans ces conditions, je ne serais pas particulièrement surpris de voir émerger par la suite des comportements « éthiquement inappropriés ». De même, je peux donner une tablette à tous les collégiens, mais à partir du moment où l'on ne sait pas très bien quoi en faire, quand l'utiliser et s'il est possible de neutraliser l'antenne Wi-Fi, il ne faut pas s'étonner de voir en classe les visages rétro-illuminés et le regard en diagonale guettant l'arrivée d'un message. *Design*, *design* et encore *design*.

Apprendre d'une vidéo ou d'une personne ?

Je ne suis ni rigidement conservateur ni luddiste ; comme je l'ai affirmé, et je le répète, je suis pour un usage *négocié* des technologies. Si je dois pencher du côté conservateur, c'est quand il est question de l'utilisation des vidéos. Un jour que je me promenais à Fontainebleau, je me suis retrouvé à déambuler entre les stands d'un Salon du bois. Un jeune homme affable, qui semblait tout droit sorti d'un livre illustré des années 30, était en train de monter un tour à bois à pédale d'antique facture. Ma fille Nina, qui avait alors sept ans, lui demanda s'il pouvait lui expliquer le mécanisme. Pendant vingt minutes, ce monsieur a travaillé à la machine en nommant tous les éléments et en expliquant chacun de ses gestes. Nous lui posions des questions, et lui répondait. Il fit sous nos yeux d'un morceau de bois un bilboquet, en nous montrant chacun des instruments qui, à chaque étape, permettait de réaliser des finitions de plus en plus délicates. Quand nous avions oublié le nom d'un ustensile, nous l'interrogions et il nous répondait. Il plaisantait avec Nina en se mettant parfaitement à son niveau. Et Nina est repartie avec son bilboquet (deux euros), avec des idées plein la tête et le désir de construire un tour à bois pour pouvoir s'exercer et faire à son tour ses propres bilboquets.

Je suis un bon nombre de « tutoriels » sur Youtube et je dois dire que certains sont remarquables : par exemple, ceux qui expliquent comment utiliser un nouveau logiciel, ou ceux qui rappellent comment faire un nœud marin. On ne peut en général qu'apprécier les 300 000 MOOC *(Massive Open Online Courses)*[1] réalisés par les plus prestigieux enseignants des plus prestigieuses universités américaines, parmi lesquelles figure, par exemple, Harvard[2].

1. Sur les MOOC, voir l'analyse lucide de Pascal Engel, « Les MOOCs : Cours massifs ou armes de destruction massive ? », *Qualité de la science française*, 24 mai 2013, http://www.qsf.fr/2013/05/24/les-moocs-cours-massifs-ou-armes-de-destruction-massive-par-pascal-engel/

2. http://www.extension.harvard.edu

Toutefois, le fait que certaines grandes universités migrent (partiellement) en ligne devrait nous faire réfléchir. Le but philanthropique est assez douteux, et l'on peut difficilement dire qu'une volonté de rénovation pédagogique est à l'origine des MOOC. Pour les grandes universités, au contraire, il s'agit de s'offrir des vitrines publicitaires dernier cri pour attirer les meilleurs étudiants, en allant à la recherche de terres peu explorées maintenant que les smartphones sont quasiment dans toutes les poches. Ces étudiants s'inscriront ensuite dans ces prestigieuses universités où, s'ils ne sont pas submergés par la masse des MOOC, ils pourront interagir avec les plus grands professeurs du monde.

L'offre actuelle et ses motivations ne doivent pas masquer les aspects positifs des MOOC ; encore une fois, il faut entrevoir en filigrane les potentiels du numérique. Le cours magistral devant 600 étudiants, par exemple, a naturellement tout à gagner du passage aux MOOC. On devrait pourtant se demander comment on a pu en arriver à donner des cours magistraux devant 600 personnes ; quel projet pédagogique y avait-il derrière ? Ah, mais il n'y avait pas de projet pédagogique, nous dira-t-on, la seule raison est que l'on manque de personnel et que les étudiants sont nombreux. Si c'est le cas, alors il est vraiment temps de penser au projet pédagogique ! L'avantage du MOOC ici est évident : *de toute façon*, il est impossible d'interagir avec un enseignant qui se limite à se faire entendre dans un immense auditorium, alors qu'on peut au moins revoir ou passer au ralenti l'enregistrement en ligne. En outre, les MOOC sont parfaits pour offrir des cours à ceux qui ne pourraient pas, autrement, les suivre, en tant que modalité de diffusion de la culture et support à l'auto-éducation. Pour que cela devienne un véritable projet pédagogique, il faut porter l'attention sur les modes de validation des cours, qui restent encore à explorer ; pour le moment, on ne parvient pas à se mettre d'accord sur la valeur des crédits de formation ou celle des diplômes de Coursera, et, évidemment, si un cours a beaucoup de succès (certains MOOC peuvent se vanter d'avoir plus de cent mille étudiants), l'« usine à examen » électronique risque de fonctionner à plein régime.

Une autre possibilité est l'intégration d'une vidéo type MOOC dans un cours normal : les étudiants regardent le cours magistral, qui est, en général, le même d'une année sur l'autre, et c'est peut-être très bien ainsi, mais ils le visionnent avant d'aller en classe ; en classe, on discutera des problèmes en suspens, etc. Dans ce cas, la vidéo est seulement un support parmi d'autres offerts par un cours, comme peut l'être un article à lire avant le cours (voir plus loin). En revanche, les MOOC n'apportent vraiment rien en tant que substitut pédagogique à des cours en petits groupes ou à des séminaires ; ces derniers sont une institution antique qui fonctionne très bien, et qu'il serait insensé de vouloir détrôner.

Ma ligne directrice est de recycler, de détourner, de « hacker » des MOOC en suivant le principe récurrent de ce livre : ne pas accepter passivement les technologies, mais, au contraire, toujours chercher à les transformer, à les réadapter. Nous pouvons ici nous inspirer d'une analogie. Les MOOC sont au cours ce que le cinéma est au théâtre : un autre genre. Le cinéma n'aurait rencontré aucun succès s'il s'était limité à être du théâtre filmé ; les MOOC peuvent avoir du succès pourvu qu'ils ne se limitent pas à être des enregistrements des cours.

Les tutoriels fonctionnent certainement très bien lorsqu'il s'agit d'apprendre à utiliser un nouveau programme informatique, mais pour le reste, je voudrais prendre comme étalon de mesure les qualités pédagogiques de mon tourneur à bois rétro. Hormis le fait qu'il n'existe pas de raccourcis, je peux refaire quelques accords jazz en regardant une vidéo, mais je ne peux pas apprendre à jouer du piano en regardant une vidéo. Je ne peux pas trop baisser le niveau de mes exigences d'apprentissage si je veux éviter de passer le test de Turing à l'envers, et finir par n'apprendre que ce qu'une machine peut m'enseigner et ne savoir lire qu'un texte de la taille d'un *tweet*. J'ai encore moins envie d'imposer cela à mes enfants et à mes étudiants. Comme pour la lecture en général, il est important, surtout dans un contexte éducatif, de maintenir une protection de l'espace de l'attention. Croire sans réserve que l'éducation puisse transiter par un objet comme l'iPad (ou un de ses concurrents) qui a des millions d'applications hyperintéressantes et hyperdistrayantes à portée de clic est exactement la même chose que de vouloir inscrire sa fille dans une classe dans laquelle elle serait encerclée par des dizaines de téléviseurs *en veille*, dont elle sait parfaitement qu'ils diffusent des vidéos extrêmement intéressantes et qu'il lui suffirait d'un geste, que dis-je, d'une pensée, pour les visionner toutes, et peut-être même toutes en même temps.

Dans un cours en face-à-face, une autre dimension est irremplaçable : quand j'enseigne, *je me mets en jeu*, je descends dans l'arène. J'ai une mission qui transcende la simple communication d'un contenu ou d'une information. Il y a un aspect *exemplaire* dans l'enseignement qui tire sa force du fait que l'on se met en jeu, à la première personne, en situation, maintenant : pas à distance, pas à travers un écran.

> Nous intellectuels/universitaires, nous entrerons dans la classe et nous enseignerons, et nos étudiants comprendront qu'il y a là quelque chose d'extra-ordinaire, quelque chose qu'ils ne peuvent apprécier que dans sa généralité, mais qui peut toutefois les convaincre de ne pas se contenter de la banalité[1].

LE *MASHUP* EST-IL UN DESTIN ? À QUAND LE MANUEL SCOLAIRE AUTOPRODUIT ?

Continuons notre *excursus* sur les différentes façons dont nous cherchons des informations et pensons redessiner l'éducation sur le web. Il arrive souvent qu'on ait quelque chose sur le bout de la langue ; il me vient par exemple à l'esprit le passage où le philosophe John Rawls parle de « l'équilibre réfléchi ». Comment faire pour trouver rapidement la citation ? C'est très simple : je lance une recherche sur Google Books[2] qui me propose une série d'extraits, les *« snippet »*, six-sept lignes de texte avec, au centre, la séquence qui m'intéresse surlignée en jaune, et le numéro de page bien mis en évidence. Et voilà comment on réussit en quelques secondes le test de Turing de « l'intelligence érudite » : mes citations sont parfaites, l'appareil de notes est complet et mon lecteur intimidé. Il est clair que ce genre de « travail » ne peut servir qu'à compléter un texte ; il ne peut en aucun cas en remplacer l'étude et la compréhension. Si l'on avait l'intention d'« étudier » uniquement la série d'extraits sélectionnés par Google Books, on se retrouverait alors dans la même situation que les historiens de la pensée antique quand

1. Kenneth Stow, échanges personnels, janvier 2011.

2. Sur Google Books : R. DARNTON, *The Case for Books. Past, Present, and Future*, New York, PublicAffairs, 2009.

ils étudient les Présocratiques : à circuler dans une collection désolante de *fragments*. Les extraits proposés par Google Books représentent le *summum* de la culture du *mashup* au niveau académique. Mais le philosophe Marco Santambrogio, de l'Université de Parme, suggère qu'il faut faire très attention aux autres raccourcis du copier-coller. Le débat est né d'une proposition de l'Institut Cobianchi de Verbania qui a engagé en 2012 une expérimentation « révolutionnaire[1] » : remplacer des manuels imprimés (coût prévu : 700 euros) par l'iPad (coût d'environ 400 euros). Armés de tablettes, un groupe d'étudiants et d'enseignants collaborent pour *créer des manuels en utilisant uniquement des matériaux disponibles sur Internet* ; les « manuels » seront ensuite consultables sur iPad. Fin 2012, l'événement se répercute en Italie au niveau national avec le décret dit « Croissance économique » *(Crescita)*[2] qui introduit la dématérialisation des contenus intégrés aux tests scolaires. L'ancien ministre italien de l'Instruction, des Universités et de la Recherche, Francesco Profumo a déclaré à ce sujet :

> À partir de 2013, nous lancerons un processus qui permettra dans un premier temps d'avoir un minuscule fascicule assorti de très nombreux supports numériques renouvelant chaque jour le livre. À partir d'un écrit de départ, on pourra joindre des vidéos,

1. P. DI STEFANO, « A scuola con l'iPad e i manuali fai-da-te », *Corriere della Sera*, 12/07/2012.

2. Décret-loi 18. 10. 2012, n° 179, G. U. 19. 10. 2012, art. 11 : « Le collège des enseignants adopte pour l'année scolaire 2013-2014 et suivantes exclusivement des livres en version numérique ou mixte, constituée d'un texte en format numérique ou papier, et de contenus numériques supplémentaires, accessibles ou en vente libre sur Internet, même séparément. » Le « séparément » signe précisément la fin du livre papier.

des outils de résolution de problèmes, des photos, d'autres textes, et construire ainsi un livre personnalisé[1].

Pour être en mesure de dire que ce genre de projets représente une économie, j'imagine qu'on a bien fait le calcul ; les nombreuses heures de travail des enseignants et des étudiants que requiert *a priori* un tel projet ne comptent-elles pour rien ? Ou peut-être est-ce le côté futuriste du projet qui l'emporte ? Ostéopathiquement parlant, avoir un iPad dans son sac plutôt qu'une dizaine de gros manuels ne peut pas faire de mal (je passe sur ce qui a déjà été abordé plus haut concernant les potentialités distrayantes de l'iPad). Peut-être est-ce l'aspect collaboratif du projet dont il faut se féliciter : travailler avec ses enseignants à l'élaboration d'un manuel, n'est-ce pas un moment de plein accomplissement pour l'étudiant ? Et, en même temps, ne sommes-nous pas en train de dépasser un certain modèle, obsolète, de manuel scolaire ? Je laisse la parole à Santambrogio :

> Je me demande si la facilité avec laquelle on peut accéder à des textes de toutes sortes et de tous niveaux de difficulté et d'approfondissement ne devrait pas nous faire réfléchir à ce que l'on doit apprendre à l'école et à partir des recueils de textes scolaires. Il y a quelques années, les manuels de 700-800 pages étaient très à la mode. À mon avis, ce n'est pas du tout une bonne chose. Je pense, au contraire, qu'on devrait faire un effort de simplification et proposer des manuels très succincts qui font l'économie de ce que n'importe qui peut trouver facilement, sur Wikipédia

1. Intervention à iSchool, Rome, octobre 2012, citée par S. Fiori, « La scuola dell'obbligo (digitale) », *La Repubblica*, 24/11/2012. À noter que la raison pour laquelle on devrait avoir un « livre personnalisé » est tout sauf évidente : quels sont les arguments en sa faveur ? En quel sens serait-il différent d'un bloc-notes ? Merveilles de la sémantique...

> par exemple, pour se concentrer sur les choses très générales qu'a besoin de savoir celui qui, dans telle ou telle discipline, part de zéro. De tels manuels (sur papier ou en format numérique, cela ne fait aucune différence) sont extrêmement difficiles à faire [...]. Il est très facile, au contraire, avec l'état d'esprit propre au *« surfing »* et au *« zapping »*, de réunir des matériaux épars, sans aucun ordre précis. Cet état d'esprit est très répandu et il est, en partie, préconisé par les enseignants eux-mêmes qui demandent à leurs étudiants de faire des « recherches » sur des sujets de plus en plus divers, passant d'une discipline à l'autre, sans cohérence. J'ai toujours pensé que c'était une très mauvaise chose[1].

Pour quelle raison est-il difficile d'écrire des manuels ? De même qu'il y a livre et livre, il y a manuel et manuel, et il serait ridicule de tout mettre dans le même sac. J'ai dit un peu plus haut que si nous prenions conscience du fait que nous appelons « livre » des choses très différentes, nous serions plus à même de voir dans quelles situations cela peut avoir du sens de faire prospérer les nouveaux écosystèmes numériques. La migration vers le numérique d'un « livre » de recettes est, par exemple, assez logique. À présent, on comprend mieux pourquoi. Si ce qui compte, c'est de *consulter*, et en particulier de consulter un *fragment* d'information (est-ce que je dois mettre le beurre avant ou après avoir mis le lait dans la béchamel ?), alors une base de données que l'on peut consulter est bien plus utile qu'une pile de fiches qui, en prime, est reliée. (Je ne sais pas s'il existe déjà des hottes aspirantes avec un écran présentant la recette du jour, mais cela ne devrait pas tarder.) Si l'on pense le manuel comme une pile de fiches à consulter,

---

1. Échanges personnels, juillet 2012.

il n'y a aucune difficulté particulière à l'imaginer mettre le cap vers les rivages numériques.

Mais à quel manuel pense Santambrogio ? Il ne s'agit pas d'un texte à consulter quand on est à la recherche d'une information, mais d'un texte à utiliser pour s'orienter intellectuellement dans un contenu complexe. Un texte dense, qui fait l'impasse sur ce que tout le monde peut trouver dans les fiches appropriées et dans les fragments de Google Books, et qui fait le point sur les principes fondamentaux d'une discipline. Pour ce faire, on doit avoir un projet pédagogique clair et, en l'occurrence, on ne peut pas faire appel à une formule générale valable pour toutes les matières : chaque matière a ses particularités. Ce qui est véritablement « général », en revanche, ce sont les obstacles habituels, pièges fameux dans lesquels tombent souvent les auteurs de manuels et de nombreux enseignants de tous niveaux, comme le fait de confondre enseigner un certain contenu et montrer qu'on le maîtrise – dont le résultat logique est le manuel de 800 pages. La particularité du contenu, la recherche d'un fil conducteur, le risque de confusion entre les objectifs pédagogiques et le désir de faire étalage de ses connaissances exigent un très grand soin et de nombreuses compétences dans la conception d'un manuel.

Le véritable défi n'est donc pas de traduire au format numérique un type de manuel peu utile, mais d'abandonner le manuel semi-encyclopédique (papier ou numérique) pour *concevoir de meilleurs manuels* (papier ou numériques). Créer des manuels à partir de recherches effectuées sur le web est *tout sauf révolutionnaire* ; *c'est même franchement conservateur* – exemple actuel de réactivation d'antiques façons de faire et de penser, et donc d'un *design* dépassé.

Quant aux motivations du décret « Croissance économique » :

> La naissance de géants comme Amazon témoigne bien de cette tendance du marché. La norme, en conséquence, se comprend à l'intérieur d'un phénomène plus général et croissant de développement de l'édition numérique et du secteur « scolaire » qui, s'adressant à des étudiants « natifs numériques », doit nécessairement connaître une accélération dans cette direction[1].

En clair : c'est le marché qui dicte à l'école ce qu'elle doit faire. *Lupus in fabula*, on ne pouvait pas passer à côté de cette référence aux besoins pressants des « natifs numériques ».

Comment repenser l'apprentissage autour des nouvelles technologies ?

Entre les deux extrêmes que représentent le refus luddiste et l'adoration messianique des technologies, je propose une autre voie. Les alternatives ne manquent pas, mais nécessitent une attitude de *designer*. D'autant que nous sommes très souvent victimes de scénarios, au-delà desquels nous ne réussissons pas à percevoir la nouveauté. Par exemple, donner une tablette à chaque étudiant ne veut pas dire chercher à utiliser à tout prix la tablette en classe. J'utilise beaucoup Internet pour mes cours et dans mes échanges avec les étudiants, mais je ne l'utilise pas en classe. Il est donc tout à fait possible d'imaginer faire utiliser les tablettes à la maison – pourquoi pas ? –, et les tenir en dehors de l'école.

---

1. A. Profumo, Entretien avec Alessandro Laterza, disponible sur le site www.laterza.it

Je voudrais à ce propos donner un exemple tiré de ma pratique personnelle, une forme de *recyclage technologique*. Depuis une douzaine d'années, j'utilise assez souvent les nouvelles technologies pour organiser une partie de mon enseignement (niveau master et doctorat, cours de philosophie et de sciences cognitives pour des étudiants de divers horizons académiques). Je ne parle pas seulement des présentations sur ordinateur – le tristement célèbre[1] Powerpoint – ou des échanges de mails avec les étudiants, mais de l'organisation et du déroulement même des cours : les technologies y sont presque exclusivement utilisées en dehors de la salle de classe. Comment cela fonctionne-t-il ? Chaque semaine, les étudiants doivent lire un article un peu ardu et envoyer la veille du cours un commentaire ou une question sur un blog où ils peuvent aussi consulter les questions de leurs camarades. Les remarques peuvent être de tous ordres : d'une proposition d'expérimentation à une citation érudite ou à une simple question de compréhension ; ce peut même être une poésie pourvu qu'on *montre* que l'article a été lu et assimilé. Je consacre une partie du cours à la reprise de ces interventions avant de faire une présentation plus formelle ; mon cours change en fonction des questions que je reçois. Ces interventions servent ensuite à une évaluation continue (cela représente en tout un peu moins de la moitié de la note finale).

1. E. R. Tufte, *The Cognitive Style of Powerpoint. Pitching Out Corrupts Within*, Cheshire, Graphic Press, 2006, http://www.edwardtufte.com/tufte/books. Il montre de façon impressionnante les fléaux d'une communication qui s'appuie sur les écrans préformatés du Powerpoint. À méditer en regardant le spot publicitaire de Microsoft Office (2012) : une classe en larmes, submergée par l'émotion, qui se révèle finalement être provoquée par la présentation Powerpoint d'une petite recherche d'un étudiant. Les contenus n'ont plus aucune importance : ce ne sont plus que des gadgets projetés pour toucher directement – et ils sont vendus en touchant directement – le cerveau émotif.

Cette formule me permet de faire plusieurs choses : démystifier l'imposant cours magistral, faire entendre la voix des timides, fractionner l'évaluation sans la faire entièrement dépendre d'un examen (il y a toujours de fortes chances que l'examen tombe un jour où l'on n'est pas en forme, etc.), contrôler le niveau d'assimilation du cours, valoriser la participation de chaque étudiant et du groupe d'étudiants dans son ensemble. La satisfaction semble réciproque. Ce n'est pas plus mal pour moi d'arriver en classe et de me retrouver face à des étudiants qui savent *déjà* de quoi on va parler ; le fait d'avoir déjà repéré les éventuels points faibles grâce aux questions qui me sont adressées permet d'avancer plus rapidement. Et ce n'est pas plus mal non plus pour les étudiants de savoir à quoi sert ce qu'il sont en train de faire ; en échelonnant ainsi l'évaluation, on passe un véritable *contrat*. De plus, à la fin du « cours », les étudiants ont bien parcouru *quatre* fois les contenus : ils ont lu, ils ont écrit, ils ont discuté, et ils m'ont écouté faire un exposé. Si je devais expliquer pourquoi la chose fonctionne, je mentionnerais surtout le *design* complexe de la situation extrêmement structurée si l'on considère le temps et le rôle de chacun. Cette méthode a exigé un véritable projet et une mise en œuvre progressive d'année en année. Et si vous remarquez bien : la technologie est certes le pivot de ce projet, mais l'ordinateur en classe n'est pas nécessaire.

Dans mes cours, le rapport au texte, à la discussion et à l'expression écrite est fondamental. La technologie – un simple blog, recyclé en fonction de mes besoins – me permet d'articuler ces éléments dans un système fluide. Attention toutefois : il n'est pas tout à fait certain que ce système puisse être exporté dans d'autres matières. Dans un cours d'astronomie, il est probablement plus utile de présenter directement les contenus à partir de supports multimédias et de modélisations (en utilisant, par exemple, un « planétarium virtuel » comme Celestia ou Stellarium) ; cela a moins de sens de poser des questions sur des données établies, et il vaut mieux dans ce cas s'exercer et vérifier par soi-même. Dans un cours d'introduction à la statistique, il peut être utile d'avoir un système de vote électronique instantané, grâce aux *clickers*, pour comprendre *in vivo* les caractéristiques des distributions. Et ainsi de suite. Il n'existe pas de panacée pédagogique. On l'avait déjà compris en observant la colonisation technologique de la vie, mais il ne faut pas l'oublier maintenant que l'on veut *tout* faire migrer sur tablette. Pouvoir disposer sous une forme quelconque des mathématiques et du français sur un écran tactile nous donne l'*illusion* que l'on peut avoir dans les deux cas la même pédagogie.

Tout cela pour dire, d'abord, qu'il n'existe pas un seul moyen d'introduire les technologies à l'école, et ensuite que l'on doit *de toute façon* beaucoup travailler sur le *design* de la situation d'apprentissage pour chaque cas en particulier[1], technologie ou non. Ici le rôle de l'enseignant est vraiment crucial, et il est indépassable.

1. Je ne suis pas un luddiste, je l'ai suffisamment rappelé. J'ai collaboré avec Claudio Beorchia à la construction d'un prototype de logiciel d'apprentissage de l'arithmétique élémentaire (www.peano.org), basé sur le principe que l'enseignant doit toujours se tenir aux côtés de l'élève pour le guider durant le jeu ; j'ai développé une séquence d'apprentissage pour Stellarium dans *Dov'è il sole di notte ?*, Milan, Cortina, 2013, et, avec Glen Lomax, un prototype pour la manipulation des paramètres de l'astronomie planétaire. Néanmoins, dans chacun de ces exemples, ce qui compte n'est pas tant l'objet numérique que l'on crée que la définition d'un scénario très précis pour interagir avec la technologie.

Comment se libérer du Maître Électronique ?

L'exemple précédemment cité du Dr Math sur MXit et celui du blog que je viens de présenter indiquent deux voies d'introduction des nouvelles technologies à l'école. La seconde est une proposition légère qui ne nécessite pas d'infrastructure particulière et qui travaille sur le recyclage de ce qui existe déjà. D'un point de vue organisationnel, la première est plus complexe. Mais elles se distinguent toutes deux par l'attention portée au *design* de la situation éducative. Nous devons réfléchir en profondeur à la façon dont nous entendons utiliser les nouvelles technologies : de même qu'il n'y a pas de panacée pédagogique, il n'y a pas de remède technologique. Si, au contraire, nous commençons à parler de *design*, nous devons accepter de soumettre également des demandes plus contraignantes, qui ne concernent pas seulement les moyens, mais aussi les *fins* de l'éducation.

Faut-il vraiment réformer l'école en profondeur pour qu'elle *s'adapte* aux nouvelles technologies ?

Étant donné la largeur de la thématique, on est en droit, même par provocation, de commencer par des questions difficiles pour délimiter le territoire ; questions à l'aune desquelles le problème de la dématérialisation numérique des manuels scolaires est bien peu de chose. Par exemple : est-il bon d'*enseigner l'écriture manuelle* (avec un stylo ou un clavier) au lieu d'aspirer à un usage scolaire des téléphones avec dictaphones intelligents ? Est-il bon d'*avoir des classes mixtes* ? Est-il bon de *laisser les jeux vidéo en dehors de l'école* ? Est-il bon d'enseigner à jouer d'*un instrument de musique*? Il se peut qu'on ait des réponses toutes prêtes à ces questions – disons des réponses résolument positives –, mais supposons qu'il existe des avantages cognitifs incomparables à ne faire *aucune* de ces choses, ou qu'il n'y ait aucun avantage à les faire. Une étude montre que, dans certaines matières, les résultats scolaires des filles « en compétition » avec d'autres filles sont supérieurs à ceux obtenus par celles qui sont en compétition avec des garçons[1]. Question : est-ce une raison suffisante pour que vous préfériez inscrire votre fille dans une classe uniquement féminine ?

En ce qui concerne l'écriture, l'anthropologue Dan Sperber avait montré avec beaucoup de force[2] la pente glissante du raisonnement sur les technologies. Aujourd'hui, grâce à un logiciel comme Dragon, vous pouvez déjà dicter vos textes à un ordinateur, de façon plus que satisfaisante. Si les logiciels devenaient encore un peu plus performants, à quoi cela servirait-il d'apprendre à écrire à la main, avec un stylo ou un clavier ? Très bien : mais seriez-vous d'accord pour que vos enfants n'apprennent *pas* à écrire manuellement, mais seulement en utilisant un dictaphone intelligent ? De même, une étude montre que certains jeux vidéo améliorent *certaines* capacités cognitives : est-ce une raison[3] pour faire entrer les jeux vidéo en classe ? Et l'on pourrait continuer ainsi : une étude a montré l'influence partielle de

1. M. Niederle, L. Vesterlund, « Explaining the Gender Gap in Math Test Scores : The Role of Competition », *Journal of Economic Perspectives*, 2012, vol. 24, 2, p. 129-144.

2. D. Sperber, « L'avenir de l'écriture », colloque virtuel Text-e, 2002. http://www.dan.sperber.fr/?p=77

3. Sur cette thématique, voir E. Pasquinelli, *Irresistibili Schermi*, *op. cit.*

l'apprentissage de la musique sur l'attention[1] ; est-ce vraiment la *raison* pour laquelle vous pensez que vos enfants devraient apprendre à jouer d'un instrument ?

Si vous vous laissez convaincre par ces arguments cognitifs, vous entrez dans un pan de la discussion qui porte en priorité sur les *moyens* et non sur les *fins* : « Si l'on veut obtenir de meilleurs résultats en mathématiques, on doit utiliser la méthode x et faire y. » Mais délibérer sur les moyens et non sur les fins, c'est accepter sans discussion que l'*on a déjà résolu la question des fins.* Il n'est même pas besoin de creuser davantage : la normativité implicite est celle de la *réussite* scolaire, une réussite individuelle, mesurable à partir de divers indicateurs que l'on ajoutera ensuite au calcul des résultats d'une école, d'une ville, d'une région ou d'un pays relativement à d'autres écoles ou à d'autres pays, etc. La normativité implicite consiste à dire que l'école doit en priorité offrir une espèce de service de *training*, et peut-être aussi de *coaching*, pour obtenir de meilleures *performances* de ses étudiants. Le fait d'appeler cela « réussite » est déjà révélateur d'une conception bien particulière.

Dans cette perspective, on peut reconsidérer la question d'une école qui ne serait pas à jour au niveau des technologies. Prenez la *loi de Casati*, une hypothèse dont je n'ai aucune raison de m'enorgueillir, et qui singe la fameuse loi de Moore[2] :

---

1. H. Neville, « Effects of Music Training on Brain and Cognitive Development in Under-Privileged 3- to 5-Year-Old Children : Preliminary Results », in M. Gazzaniga, C. Asbury, B. Rich, *Learning, Arts, and the Brain*, New York, Dana Press, 2008, p. 105-116.

2. D'après la dernière version de la « loi » de Moore, les prestations des processeurs doublent tous les dix-huit mois.

> Loi de Casati : les processeurs des ordinateurs à la disposition des enseignants et des étudiants à l'école ont toujours une rapidité et une puissance de calcul qui est moitié moindre que celle des ordinateurs que les étudiants et leur famille ont en leur possession.

De fait, travailler avec des ordinateurs scolaires est comme utiliser une machine à voyager dans le temps de l'informatique. Les enseignants connaissent bien le problème de la poussière sur les ordinateurs ; cela fait presque trente ans que l'on vérifie empiriquement la loi de Casati. Cela devrait nous convaincre qu'il est parfaitement surréaliste de continuer à « souhaiter qu'on introduise de nouvelles technologies à l'école », du moins jusqu'à ce que la loi de Moore devienne caduque ou que soit disponible sur le marché une certaine forme de progrès informatique. Comme le confirme d'ailleurs la publicité italienne délibérément anxiogène d'un modèle d'iPhone en 2011 :

> Maintenant tout a changé. Encore une fois.

Mais si l'enseignant n'a pas l'obligation d'être « à jour » avec la technologie, peut-être faut-il qu'il rivalise avec elle ? *L'enseignant doit-il rivaliser avec le smartphone ?* Là aussi, nous devons accorder un maximum d'attention à la normativité cachée. Les tablettes et les smartphones sont, ergonomiquement parlant, proches de la perfection : je prends un smartphone dans la main, je fais quelques manipulations, et je découvre tout seul comment il fonctionne ; je n'ai pas besoin d'une notice d'utilisation[1]. Ce n'est pas un hasard si Apple a dépensé deux milliards

---

1. Peut-être vaudrait-il mieux écrire : « Je découvre tout ce que le constructeur pense que je devrais utiliser. » En effet, il y a de nombreuses choses que je ne découvrirai jamais. Il est très difficile, par exemple, d'arriver à savoir com-

quatre cents millions de dollars[1] en 2011 uniquement pour la recherche et le développement : son objectif est la facilité absolue et l'instantanéité d'utilisation ; comme je l'ai déjà dit, ses produits sont la démonstration vivante de l'inutilité de la catégorie de « natifs numériques ». Apple veut que nous soyons tous doués avec ses gadgets électroniques. C'est une des industries du secteur qui dépense *peu* en recherche relativement à ses ventes, mais qui se consacre surtout au développement et au *design* plus qu'à la recherche fondamentale, et c'est justement cela qui est intéressant : on mise tout sur les interfaces. Donc d'un côté, un enseignant qui m'explique comment utiliser un smartphone ne sert à rien et, de l'autre, il n'y a pas de compétition possible avec un système ergonomiquement parfait, développé grâce aux investissements annuels de milliards de dollars en recherche et développement, reversés, en particulier, sur le *design* du produit.

Présentée ainsi, pour les enseignants, la partie est perdue d'avance. Et puisqu'on la présente ainsi dans les médias, les étudiants le comprennent. L'étude sur les prétendus natifs numériques à l'école[2] réalisée par le CENSIS en 2001, à partir d'un questionnaire rempli par deux mille étudiants et à peu près autant de familles en Calabre, donne un aperçu très intéressant de la perception qu'ont les étudiants, les enseignants et les parents de la technologie. Certes, on a déjà vu qu'il est, en

---

bien de mes données personnelles sont récoltées par les constructeurs et les opérateurs, et comment elles sont utilisées. Plus loin dans le texte, vous trouverez une petite proposition pour contrebalancer cette version de la colonisation.

1. http://gigaom.com/2011/10/27/apples-rd-spend-up-33-percent-for-2011/, qui cite les données de la SEC (Securities and Exchange Commission) américaine.

2. CENSIS, *I nativi digitali in Calabria*, enquête 2011.

général, très difficile d'obtenir des données empiriques *stables* sur l'efficacité des nouvelles technologies, et qu'il est plus facile de savoir comment elles sont perçues. On aurait besoin d'études massives, longitudinales – la seule qui me semble s'en approcher est celle précédemment citée du département des Landes, mais le contexte technologique est en constante mutation et le renouvellement vertigineux des produits complique la méthodologie de recherche. Néanmoins, même en l'état, les résultats de l'enquête calabraise appellent quelques commentaires. Que les étudiants considèrent en partie l'école comme « inadéquate » parce que l'offre numérique est modeste, inadaptée ou obsolète, me semble être un élément à manier avec beaucoup de prudence, *plutôt* qu'à accepter comme un principe de base, ou à voir comme *le* problème fondamental « à résoudre ». Il est malheureusement trop facile de substituer le donné technologique au donné éducatif. La discussion s'est, en effet, légèrement déplacée. La question n'est même plus de savoir si le fait d'apporter Internet, l'ordinateur ou le tableau électronique à l'école améliore la didactique ; la seule chose qui nous intéresse est de savoir s'il y a Internet à l'école et si les enseignants utilisent Facebook. (Avec une pointe moralisatrice : « Cher enseignant, tu as un compte Facebook et tu ne l'utilises pas ? C'est comme si tu n'en avais pas ! »)

Le rapport que l'école entretient avec les nouvelles technologies a bien d'autres espaces en dehors du champ de course. En réalité, et je maintiens ce que j'ai dit précédemment, l'école aurait tout à gagner à réfléchir aux immenses *potentialités non numériques dans un monde colonisé par les instruments numériques commerciaux.* À moyen terme, il serait déjà très important de permettre aux enseignants et aux familles de voir la différence entre « natifs numériques » (au sens inoffensif de « accoutumés aux technologies ») et « compétents numériques ». On peut être numérique de naissance et rester ensuite toute sa vie hébété face à une technologie dont on ne comprend pas les mécanismes, et que l'on finit par vivre sur un mode quasi magique. Aider à comprendre le fonctionnement des architectures informatiques, la nature de la recherche scientifique et technologique, les structures économiques et les pouvoirs qui se cachent même derrière les produits d'utilisation courante (qui assigne les noms de domaines, qui possède mes données personnelles, qui détient les autorisations pour modifier ma page web et comment est construit mon profil à des fins publicitaires ?) serait déjà un premier pas, utile, parfaitement cohérent par rapport aux compétences générales de l'école, à tel point peut-être que cela nous permettrait de nous libérer de l'obsession de la course face à une technologie rapide que l'on ne fait que subir.

La rapidité de l'innovation technologique produira inévitablement un manque permanent de *compréhension théorique* des technologies : nous devons expliquer ce qu'est un algorithme, en quel sens les algorithmes de Google déterminent le *design* des systèmes de recommandations et en quel sens ces systèmes déterminent ensuite les choix de ceux qui utilisent les technologies (voir plus loin). Nous devons expliquer comment nous faisons, après coup, les frais de certains choix de *design* recyclé dans le grand copier-coller de la construction du *software*. Plutôt que d'introduire fébrilement les technologies en classe, l'école a de nombreuses marges de manœuvre pour faire étudier la complexité non seulement technique, mais aussi sociale et cognitive du *design* technologique.

Paola Antonelli, curatrice du secteur *design* du MoMA de New York, prévoit que l'on fera, dans le futur, une distinction entre *design* théorique et *design* appliqué[1]. Je dirais qu'il serait utile que l'école anticipe cette tendance. Le *design* théorique suppose que le *design* appliqué n'a pas d'avenir s'il ne profite pas des potentialités offertes par la technologie et qu'il cherche simplement à donner un tour électronique à de vieux cadres d'enseignement. Il existe des instruments qui permettent d'aller au-delà de cette image d'Épinal d'une classe dans laquelle le banc est remplacé par un terminal, le stylo par un clavier ou un écran tactile, et le tableau en ardoise par un tableau électronique.

Nous n'en avons pourtant pas terminé avec la discussion sur les fins. En réalité, nous ne disposons pas ici d'un espace suffisant pour le faire ; c'est une discussion en perpétuel mouvement qui appartient à l'ensemble de la société et à chacun d'entre nous : parents, enseignants, étudiants, mais aussi citoyens qui, pour n'appartenir peut-être à aucune de ces trois catégories, n'en vivent pas moins dans une société fortement scolarisée. Ce que je tiens à défendre, c'est l'idée que nous avons toujours le droit de résister à la *normativité automatique*, qui donne l'impression d'une course sans espoir. Nous ne devons pas seulement résister à l'adoption, dans le contexte éducatif, de telle ou telle technologie parce qu'elle est vécue comme normative dans le contexte social – qui dirait aujourd'hui qu'« on doit utiliser la télévision (ou la radio) à l'école » ? Nous devons aussi résister aux grandes options qui nous sont proposées sur le rôle de l'école dans la vie. Il faut lutter, par exemple, contre des thèses comme « l'école doit s'adapter à l'évolution de la société ». Parlons-en. Peut-être l'école doit-elle au contraire aider la société à comprendre si

1. « Design takes over, says Paola Antonelli », *The Economist*, The World in 2011, 22 novembre 2010.

l'une de ses trajectoires de développement est inéluctable. Peut-être que la véritable force de l'école n'est pas de savoir s'adapter (autre forme de *course*), mais de pouvoir créer des zones de tranquillité à partir desquelles on peut calmement observer l'évolution de la société.

La discussion sur les nouvelles technologies met alors en lumière une grande équivoque sur l'école et ses finalités. L'école n'est pas (plus, ou pas essentiellement) un lieu *où s'acquièrent des informations*. Les informations sont disponibles dans une très large mesure en dehors de l'école, sur la Toile : de ce point de vue, l'école ne peut pas rivaliser avec la Toile. L'avantage cognitif de l'école est de fournir quelque chose que la Toile ne pourra jamais offrir, à savoir *un point de vue différent* sur les informations, dans la mesure où les systèmes de recommandations à l'œuvre dans la Toile (« celui qui a acheté x a aussi acheté y ») font tout pour enfermer une personne dans un profil. Ou peut-être l'école peut-elle simplement donner l'idée qu'*un point de vue est possible*, étant donné que l'on ne fait essentiellement aujourd'hui que subir les informations. En ce sens, l'école a une valeur exemplaire. Du simple fait qu'elle existe, elle montre qu'il peut exister des choses qui ne sont pas soumises aux logiques dominantes d'une société, et elle maintient ainsi ouverte la possibilité d'une société différente.

4.

Le scénario colonialiste et le mythe de la trace

Le livre et l'école sont deux éléments-clé de la résistance au colonialisme numérique, et ce parce qu'ils se situent dans une zone encore incertaine et disputée. Aux extrémités du champ de bataille colonialiste, les choses sont beaucoup plus claires. Quelques-unes de nos activités, on l'a vu, ont trouvé un avantage à la migration numérique : la photographie en est l'exemple le plus frappant. D'autres activités, comme l'exercice du vote – exemple tout aussi frappant –, sont, au contraire, absolument incompatibles avec la migration numérique, au point qu'il faille résister à tout prix à la migration, et c'est ce dont je parlerai dans ce chapitre. Pour ces activités, en un sens, la négociation est close (même si, dans le cas du vote, on fait comme si elle était encore ouverte, parce que les intérêts en jeu sont colossaux). Pour le livre et l'école, en revanche, elle est encore ouverte (même si l'on fait comme si elle était déjà close, et que l'école devait *absolument* se numériser) ; dans le prochain chapitre, nous discuterons de quelques lignes de résistance créative face à la migration numérique.

La thématique principale de ce chapitre porte sur les traces[1]. Je voudrais là encore, comme je l'ai fait précédemment, m'écarter des voies habituellement empruntées. C'est la raison pour laquelle je ne traiterai pas des problèmes flagrants comme celui de l'érosion de la frontière entre public et privé, et des conséquences spectaculaires qui ont capté l'attention des médias (le « *Facebook firing* » ou licenciement basé sur ce que vous avez mis sur votre profil dans un réseau social, utilisé contre vous par votre employeur). Ce qui m'intéresse davantage, ce sont les interactions subtiles entre les traces que nous laissons (et leur nature ainsi que leur qualité) et la façon dont nous nous comportons dans un monde saturé de traces numériques.

Luttons pour que le vote électronique et le vote en ligne ne deviennent jamais réalité

On évoque de plus en plus la possibilité d'une société où l'on voterait électroniquement aux élections politiques et administratives. L'opération technique paraît tout à fait faisable (différentes modalités de vote par Internet ont été expérimentées), mais est-elle souhaitable ? Je voudrais formuler une réserve qui va bien au-delà d'une discussion technique sur la fiabilité des systèmes de vote électronique qui nous sont proposés.

1. Dans le prolongement de M. Ferraris, *Documentalità. Perché è importante lasciare tracce*, Bari, Laterza, 2009.

Celui qui vote est pris dans un dilemme épistémologique. D'un côté, il se peut qu'il désire que son vote reste secret (qu'il désire, pour protéger sa liberté, que les autres ignorent ce qu'il a voté) ; de l'autre, il se peut qu'il veuille s'assurer que son vote a bien été pris en compte dans le résultat final. Il veut « cacher » son vote, mais en même temps « le voir » parmi tous les autres. Naturellement, ce qui rend visible le vote individuel dans un décompte final est aussi ce qui annule la confidentialité et, réciproquement, la confidentialité ne permet pas de retrouver la trace de son vote dans le décompte final. Le vote à bulletin secret résout le dilemme en supprimant la possibilité de suivre le parcours du vote ; le vote à main levée résout le dilemme dans le sens inverse en autorisant le contrôle du vote au détriment de la confidentialité.

Les systèmes électoraux exigent normalement de tenir le vote secret pour le soustraire à l'influence de ceux qui voudraient l'acheter ou l'échanger (contre un autre vote ou un service), ou simplement l'imposer par la violence. Le vote à bulletin secret protège l'électeur et, avec lui, la démocratie tout entière.

Actuellement, dans de nombreux systèmes de vote manuel, l'électeur a une preuve tangible de la confidentialité ; tangible au sens où il peut littéralement la toucher du doigt. L'identité du votant n'apparaît que sur le registre électoral ; on remet à l'électeur un bulletin parfaitement anonyme qui lui permet d'exprimer sa préférence, et qu'il dépose dans l'urne où il gît avec d'autres bulletins, tous mélangés. C'est l'électeur lui-même qui, par son action, détache le bulletin de son nom propre et se fait garant de la confidentialité. Il y a dans ce processus quelque chose de fondamental, qui risque de nous échapper : non seulement l'électeur se fait le garant de la confidentialité de son vote, mais *il sait qu'il le fait*. Autrement dit, il se trouve dans une situation de privilège épistémologique : il n'a pas besoin de médiations complexes pour comprendre comment fonctionne ce mécanisme.

Si l'on passait au vote électronique, cet accès cognitif immédiat aux garanties de confidentialité viendrait nécessairement à manquer. Même les électeurs qui connaissent les détails techniques des systèmes de cryptographie doivent, à un moment ou à un autre, se fier à une machine sous l'interface de laquelle ils n'ont pas moyen d'aller regarder. Impossible, par exemple, de vérifier si le système utilise une transaction sécurisée, même si on vous assure l'avoir fait (« Fiez-vous à moi ! »). Pas moyen non plus, pour donner un autre exemple, de vérifier si le vote a bien été déposé dans l'urne électronique après qu'on l'a envoyé, ou s'il a été modifié une fois déposé.

Dans tous les cas, l'électeur doit déléguer l'épistémologie du vote qui lui était pourtant accessible grâce au système de transaction physique d'un bulletin papier, lequel, même pour un court instant, restait exclusivement en sa possession.

Dans un système électoral à l'ancienne, la manipulation électorale est répartie : il faut que s'exercent de nombreuses manipulations locales, chacune d'entre elles étant confiée à une personne qui se trouve contrôlée par beaucoup d'autres. Mais surtout, dans un système électoral non électronique, le votant en a conscience. Il sait que le système n'est peut-être pas parfaitement précis, mais qu'il est « solide », au sens où il est difficile d'altérer le résultat. Dans le cas électronique, le votant peut toujours douter de la confidentialité du système, qui, par ailleurs, peut être parfaitement précis. Ce savoir qui porte sur les mécanismes du vote est essentiel pour établir un rapport de confiance entre l'État et les citoyens. Ce n'est pas un élément secondaire, décoratif, du processus électoral[1].

Même en ce qui concerne la « solidité » du vote (la capacité du système à compter tous les votes), un système non électronique, qui utilise des bulletins physiques, pourrait bien être préférable à un système électronique, du fait de la solidité du support, qui permet des vérifications *a posteriori* dans les cas litigieux (en 2000, le vote contesté en Floride a donné lieu à un recomptage des bulletins). En outre, la compréhension de l'algorithme établissant le résultat est à la portée de tous : il suffit de savoir faire une addition.

Au-delà des théories du complot et des problèmes de manipulations sporadiques, l'erreur conceptuelle exploitée par le colonialiste numérique est de considérer le processus de vote comme une simple compilation de bases de données, ce qu'il n'est en aucun cas. Le processus dépend, au contraire, de la création de gigantesques piles désorganisées de traces physiques et anonymes, c'est-à-dire de tas de bulletins papier qui seront ensuite comptés un par un. C'est précisément cette matérialité un peu étrange des bulletins qui permet au vote d'être au fondement de la démocratie, n'en déplaise aux ingénieurs aseptisés

1. R. Casati, « Trust, secrecy and accuracy in voting systems : the case for transparency », *Mind and Society: Cognitive Studies in Economics and Social Sciences*, 2010, vol. 9, 1, p. 19-23.

qui essaient régulièrement de remplacer les piles de papiers par des piles électroniques et des mémoires magnétiques. Le colonialisme numérique entonne de nouveau son hymne habituel, promet un monde plus ordonné, commode et aseptisé. Mais la démocratie exige un peu d'effort et de sueur.

Le vote en ligne : paradis démocratique ou rêve de mafieux ?

Si nous passons au vote en ligne, les choses vont devenir beaucoup plus préoccupantes et, d'une certaine manière, grotesques. La promesse du vote en ligne se comprend facilement : on espère encourager la participation là où le vote manuel, tout comme le vote électronique, dans la mesure où il se fait au bureau de vote, contraindrait les électeurs à des déplacements compliqués et fastidieux ; et il faut dire que l'espoir d'une réduction des coûts n'est jamais pour nous déplaire. Évidemment, la participation est chose importante, mais la qualité du système électoral l'est encore plus, et ce qui favorise aujourd'hui la participation peut ne plus l'encourager demain, voire détruire les fondements mêmes du vote.

Le vote en ligne est une forme de vote électronique ; aussi, les critiques adressées au second valent-elles automatiquement pour le premier. Il y a là pourtant un élément supplémentaire qui n'a absolument rien à voir avec les questions strictement technologiques, mais qui concerne les rapports entre l'innovation technologique et l'émergence de nouveaux comportements. Une Foire Aux Questions nous permet de faire ressortir cet élément et d'introduire une considération plus générale.

FAQ 1 : C'est la sécurisation qui vous préoccupe ? Mais nous sommes tous désormais habitués à effectuer des paiements en ligne avec notre carte de crédit ! Pourquoi ne devrions-nous pas voter en ligne ?

Réponse : Hormis le fait que les fraudes en ligne avec les cartes de crédit sont très fréquentes et qu'elles représentent un énorme problème pour les organismes de crédit et pour les autorités[1], il n'en reste pas moins que vous recevez chaque mois un relevé de vos transactions bancaires qui vous permet de vérifier si quelqu'un utilise votre compte. C'est là précisément que s'arrête l'analogie avec le vote en ligne : cette traçabilité ne peut pas exister pour le vote ! Ou alors, adieu la confidentialité – le caïd vous réclamera le coupon prouvant que vous avez suivi ses consignes de vote.

FAQ 2 : Mais ne sommes-nous pas tous déjà habitués à voter en ligne, par exemple avec Doodle ?

Réponse : Certes, mais sur Doodle, le vote est transparent (voir la réponse 1, « caïd »).

FAQ 3 : Ça sera vraiment fabuleux quand on pourra tous voter avec notre iPhone : vite, créez une *app* ! C'est la démocratie liquide !

---

1. Voir le *Consumer Sentinel Network Data Book* de la Commission fédérale du commerce américain (FTC) de 2012. Un citoyen américain sur dix est victime de fraudes liées à la carte de crédit (http://www.ftc.gov/sentinel/reports/sentinel-annual-reports/sentinel-cy2012.pdf).

Réponse : Si jamais cela se produit un jour, on aura déplacé l'isoloir dans chaque poche et dans chaque maison. Apparemment, cela est merveilleux, mais les conséquences sont malheureusement bien prévisibles :

Le mari tordra le bras à sa femme, le père à son fils, le fiancé à sa fiancée, le petit-fils à sa grand-mère, et le caïd ramènera à la maison ses petits soldats et leurs familles qui lui remettront tous leur iPhone – « pas la peine de perdre du temps : je m'occupe de tout ». Sans parler du chef de bureau qui organisera de chaleureuses « voting parties » *au cours desquelles les employés seront invités à voter selon ses consignes, et devant tout le monde pour ne pas se tromper.*

L'isoloir du bureau de vote surveillé par les forces de l'ordre n'est pas un détail décoratif du processus de vote, mais son élément essentiel : c'est un lieu dans lequel le faible peut, ne serait-ce que pendant quelques secondes cruciales, se soustraire à l'autorité du fort. Que le fort trouve par la suite d'autres moyens de contrôler le faible ne change rien au fait que sur le principe, au moins, le vote manuel au bureau de vote est le seul à protéger le votant[1].

1. En 2008, les Pays-Bas ont banni par la loi les dispositifs de vote électronique. Le 26 septembre 2003, Le *Forum des Droits sur l'Internet* a publié sa recommandation (« Quel avenir pour le vote électronique en France ? ») dans laquelle, d'un côté, on présente les risques du vote en ligne, et, de l'autre, on soutient qu'ils existent déjà pour le vote par correspondance. Cela est curieusement interprété comme un argument en faveur du vote en ligne, alors qu'il me semble évident qu'il faudrait profiter de cette discussion pour revoir complètement la pratique plus que douteuse du vote par correspondance.

Il n'existe pas de solution technologique à ces problèmes, et on est en droit de se demander pourquoi il faudrait accepter que les technologies en créent de nouveaux, et d'insurmontables.

Tout dématérialiser a-t-il un sens ?

J'ai mentionné les fraudes à la carte de crédit ; dans ce cas, la traçabilité des transactions permet de sauver ce qui peut l'être. Et comme pour le vote, c'est la qualité des traces, leur nature, qui compte. Ma banque me propose ce qui semble être une affaire : un accès en ligne, sur dix ans, aux mouvements sur mon compte en échange de la « dématérialisation » de mes relevés bancaires. Tout sur Internet, mais seulement sur Internet. Économie de papier, données en ordre : les arguments habituels. D'un côté, j'aurais accès depuis chez moi *via* mon PC ou mon smartphone à tout ce que j'ai fait (ou subi) sur mon compte, et que je ne peux voir aujourd'hui que sur quelques mois ; d'un autre côté, le PC et le smartphone finiraient par être mes seuls points d'accès. J'ai gentiment, mais fermement, décliné l'offre, en arguant du fait qu'il y a des limites à la dématérialisation.

La dématérialisation des transactions est un autre élément du processus de colonisation numérique qui envahit le livre, l'école, les systèmes de vote et les échanges sociaux. Comme le décrivent très bien les sociologues Michel Pinçon et Monique Pinçon-Charlot[1] de l'IRESCO à Paris, l'histoire de la monnaie est une histoire métaphysique, d'abstraction progressive.

1. M. Pinçon, M. Pinçon-Charlot, *L'Argent sans foi ni loi*, Paris, Textuel, coll. « Conversations pour demain », 2012.

L'argent n'est pas un objet concret, et son histoire n'a fait que révéler progressivement cette nature profonde. Comme dans le cas de la photographie, le passage au numérique a rendu évidente pour tous la nature abstraite de l'argent.

L'ontologie de l'argent est un thème qui connaît un certain succès au sein des départements de philosophie. C'est la pièce maîtresse de l'argument du philosophe John Searle[1] sur la construction du monde social. Sans un vaste ensemble de promesses, de croyances individuelles partagées (certaines d'entre elles étant liées au croire et au vouloir-croire aux promesses), aucun garçon de café n'accepterait de vous servir une orangeade en échange du petit bout de papier coloré et chiffonné que vous sortez nonchalamment de votre portefeuille. Mais puisque ce sont les promesses et les croyances partagées qui comptent, ces petits morceaux de papier coloré ne sont pas irremplaçables. Ne croyez pas que votre banque a des coffres-forts remplis de liquidités ; elle se contente uniquement d'enregistrer dans une base de données les mouvements de votre compte. (Les réserves de la banque représentent d'ailleurs une infime partie des dépôts bancaires ; et selon les Accords de Bâle II, cette petite partie ne doit pas être inférieure à 2 %.) Vos recettes, gains, dépenses ou rentes sont signalés par l'effacement de quelques numéros de la base de données de vos débiteurs qui réapparaissent dans votre propre base de données.

Le billet de banque est peut-être devenu décoratif, mais pas le fait de laisser des traces – et pas seulement pour une question de mémoire. Par principe, une société composée d'individus

1. J. Searle, *La Construction de la réalité sociale*, Paris, Gallimard, 1998.

présentant de grandes capacités mnésiques pourrait se passer de transcrire les débits et les crédits. Les *bookmakers* clandestins, qui ne délivrent pas de reçus, n'ont-ils pas en mémoire des dizaines de mises ? Certes, mais leur système est une économie spéciale où la confiance va toujours de pair avec la violence, et où l'abus n'est certainement pas un risque que le parieur peut prendre à la légère. Pour tous les autres systèmes, la trace offre non seulement une mémoire, mais aussi et surtout une possibilité de vérification. C'est le relevé de compte qui m'a permis de voir que quelqu'un avait cloné ma carte de crédit. On me dira : quelle différence cela fait-il pour toi de vérifier en ligne à partir de ton PC ou de vérifier sur le petit bout de papier que la banque t'envoie tous les mois ? La différence principale tient à l'asymétrie d'information qui existe entre ma banque et moi. La banque est un « tiers » dans le contentieux qui m'oppose au cloneur de ma carte de crédit. Elle ne serait plus un tiers si un contentieux venait à m'opposer à elle.

Même si l'argent devient de plus en plus abstrait et de moins en moins dépendant d'enregistrements matériels, il ne s'ensuit pas que ces enregistrements sont insignifiants. Et il ne suffit pas de laisser des traces, encore faut-il que ces traces soient facilement accessibles et que le fonctionnement soit compréhensible par tout un chacun. Quiconque est capable de faire une addition peut reconstruire son historique bancaire en utilisant les relevés de compte imprimés. En revanche, seul quelqu'un qui se débrouille en informatique et a accès au système informatique d'un organisme de crédit peut savoir si les algorithmes utilisés sont corrects et légaux. S'il est important de laisser des traces, il faut aussi pouvoir évaluer la qualité et la nature des traces qu'on laisse.

Est-il vraiment utile de conserver une trace de tout ?

Au cours des dix dernières années, quand je donnais des conférences et des cours dans différentes universités ou institutions non académiques, j'ai dû faire face à un problème récurrent et toujours plus répandu de mauvais *design*. Un écran de toile accroché au plafond est descendu pour permettre la projection… et finit irrémédiablement par recouvrir le tableau. Ce qui est extraordinaire, c'est que cela se produit également quand il y a toute la place nécessaire pour mettre l'écran à côté du tableau, en général préexistant et inamovible. Lancer une projection revient, dans ce cas, à tirer un trait sur la possibilité d'inscrire une note à l'improviste, d'écrire une formule ou de faire un dessin, tout ce qui permettrait de faciliter le déroulement de la présentation ou – moment encore plus important – de ponctuer l'échange des questions et des réponses avec le public, pour lesquelles on n'a pas toujours prévu une diapositive. Les tableaux électroniques (multimédias, aujourd'hui même tactiles et interactifs comme les TBI, « Tableau Blanc Informatique ») pourraient être la solution au problème : ils redonneraient un nouveau souffle au tableau à l'ancienne, en lui offrant la possibilité de devenir un écran, et bien plus encore, grâce à la convergence entre différents types de supports. De nombreuses écoles ont commencé à installer de tels tableaux électroniques, même si les statistiques ne sont pas flatteuses pour ce qui est de leur usage effectif, et nous en sommes encore au stade expérimental.

Quel avenir pour ces objets, et leurs ancêtres d'ardoise ? Ces gadgets sont-ils vraiment le couteau suisse de la présentation en public et du cours « augmenté » ? On constate une première difficulté liée à la rapidité du changement technologique : les tableaux de 2012 sont bien meilleurs que ceux de 2010 et coûtent même moins cher. Il ne serait donc pas déraisonnable d'être attentiste et de miser sur les tableaux de 2014, avant de se retrouver avec du matériel obsolète dès sa naissance.

N'oublions pas la redoutable loi de Casati qui, si on la lit à l'envers, révèle une mine d'or pour les marchés de l'informatisation scolaire : que les TBI soient utilisés ou pas n'a pas d'importance, ce qui compte c'est d'en avoir un neuf tous les deux ans. Et ne minimisons pas le fait que le TBI pourrait être une technologie de transition appelée à être rapidement dépassée. Le Samsung Galaxy Beam est un téléphone mobile qui permet de projeter des images ou des vidéos sur un écran externe, comme une feuille, un mur, et pourquoi pas un TBI éteint. Pour le moment, cela ne fonctionne que dans une pièce obscure, et la résolution n'est pas des meilleures, mais les choses évoluent rapidement. Quoi qu'il en soit, le TBI dans toutes les poches rendra obsolète l'encombrant TBI accroché au mur, non pas parce qu'il serait de meilleure qualité, mais parce qu'il est déjà dans toutes les poches (voir encore l'histoire de l'appareil photo dans chaque poche). Parmi les nombreuses vertus du TBI, il y aurait l'ouverture sur le monde grâce à la connexion Internet, la collaborativité, et la possibilité de sauvegarder un cours sur une carte mémoire. Je n'ai aucun doute sur le fait que les étudiants sont séduits par ces propriétés, comme ils le seraient d'ailleurs par un tableau qui distribuerait gratuitement des *Sachertorte*. Mais que les étudiants et les professeurs apprécient le TBI ne signifie pas qu'il ait permis d'améliorer les pratiques éducatives[1].

---

1. H. J. Smith, S. Higgins, K. Wall, J. Miller, « Interactive whiteboards : boon or bandwagon ? A critical review of the literature », *Journal of Computer Assisted Learning*, 2005, vol. 21, p. 91-101.

Je voudrais émettre ici un léger doute en ce qui concerne la redéfinition de l'enseignement dans une classe équipée d'un tableau électronique, et en même temps saluer un aspect positif du tableau noir, ou du moins du tableau non électronique. Le tableau à l'ancienne ne contient pas de processeurs, il ne redresse pas la ligne pendant qu'on la trace, il ne fait pas défiler de diapositives, il ne produit aucun son ; mais surtout, il ne se souvient de rien. Sa fragile mémoire physique se dissout dans l'entropie créée par le geste qui efface. D'un tableau bien effacé on ne peut pas remonter à ce qui y était écrit. Non seulement ce n'est pas possible (donnée métaphysique), mais il est *évident* pour tout le monde que cela n'est pas possible (donnée épistémologique). Par conséquent, ceux qui utilisent le tableau à l'ancienne *savent* qu'ils ont le droit à l'erreur, ou qu'on leur accorde une seconde chance. Pensez à l'impression désagréable que susciterait en vous un professeur qui photographierait vos erreurs de calcul ou vos fautes d'orthographe avec son téléphone portable. Le tableau électronique, au contraire, est habité par de nombreuses mémoires dont l'utilisation n'est pas du tout transparente à l'utilisateur. Dans certains cas, il est évidemment très commode de ne pas avoir à recopier la merveilleuse démonstration que l'on vient de présenter sur l'ardoise ; il suffit d'un clic sur « sauvegarder l'écran ». Mais face à cet avantage, la question se pose nécessairement de savoir quelle est la capacité de mémoire du tableau, et qui contrôle l'accès aux informations ainsi enregistrées. Question à laquelle on peut partiellement répondre si les systèmes de contrôle du tableau, ses logiciels, sont ouverts ; mais réponse qui demeurera toujours partielle étant donné que l'on a besoin de la compétence d'un ingénieur ou d'un informaticien pour savoir quelle est la capacité de mémoire du tableau.

Cet excès de mémoire, et de mémoire opaque, rompt l'un de ces nombreux fils ténus qui unissent maîtres et élèves, et qui créent le tissu même de la liberté dans l'enseignement et dans l'apprentissage. Il faut qu'il soit possible de faire des erreurs au tableau, qu'il soit possible de les effacer, et il est important que l'on sache qu'il n'en restera aucune trace une fois effacées. On doit pouvoir faire table rase. Sinon, ce n'est plus un tableau. C'est autre chose : un espace certainement créatif, mais qui n'accueille cependant qu'une créativité formatée et frileuse[1].

La Génération Documentation et la notice informatique

Qu'est-ce qui nous pousse à laisser des traces ? Si la recherche de catégories psychologiques profondes et englobantes a créé des notions artificielles à forte teneur idéologique (« natifs numériques », « *multitasking* »), il ne faut toutefois pas se priver d'un examen rapproché des caractéristiques comportementales manifestes. Elisa Ly, étudiante à la New York University, a proposé une catégorie descriptive intéressante, celle de « Génération Documentation[2] ». Le trait distinctif des comportements numériques de ces dernières années serait un rapport étroit à la nécessité compulsive de documenter en temps réel ce que l'on fait, ce que l'on pense, ce que l'on a l'intention de faire, là où l'on se trouve – et pas nécessairement en vue d'une future

1. Voir, à l'inverse, l'ode au tableau d'ardoise faite par le mathématicien Cédric Villani, médaille Fieds 2010, dans la vidéo de Raymond Depardon et Claudine Nougaret à l'occasion de l'exposition à la Fondation Cartier : *Mathématiques, un dépaysement soudain*, 2011.

1. Échanges personnels, mars 2013.

utilisation. Ce besoin est projeté sur les autres, et se traduit par des demandes de documentation parfois lancinantes. Si l'on avait une preuve empirique de l'existence de cette catégorie descriptive, on pourrait intervenir plus efficacement sur les distorsions visibles par tous, étant donné que le renoncement collectif à la vie privée fait de chacun d'entre nous la proie bien trop facile d'intérêts commerciaux et politiques, et étant donné que la technologie rend automatique, et donc impossible à vérifier au cas par cas, la récolte des données. Il faudrait préparer une réglementation.

Une idée que je cultive depuis un certain temps est celle d'une *notice informatique*, calquée sur le petit feuillet explicatif plié en quatre et écrit en tout petits caractères que l'on trouve dans les boîtes de médicaments. Cette notice serait obligatoirement attachée aux emballages des ordinateurs, des smartphones et des appareils connectés à Internet, et devrait présenter tous les risques annexes et connexes de la récolte des données et de la mise à disposition des données personnelles (des *cookies* aux mises à jour des profils), en indiquant comment remettre à zéro tous les paramètres de récolte des données.

Tout numériser ? Tout enregistrer ?

Le patrimoine historique et artistique est quelque chose qui nous définit, et qui doit être préservé ; le fait même de vouloir le préserver nous définit. Comme ce qui est arrivé au Droctulft, dans la nouvelle de Borges[1], qui, frappé par l'architecture de

1. J. L. Borges, « Histoire du guerrier et de la captive » (1949), *L'Alef*, Paris, Gallimard, 1966.

Ravenne, décide de se battre pour défendre la Ville, il se peut aussi que l'on soit fasciné par un patrimoine et qu'on le fasse sien, en donnant sa vie pour le protéger. Ce n'est pas seulement la terre de nos ancêtres que l'on appelle « patrie » ; peut-être est-ce davantage la terre où l'on voudrait que nos enfants puissent vivre. Si le patrimoine est fragile et exposé aux assauts du temps et de l'histoire, il est important de consacrer des ressources à sa conservation.

L'ontologie du patrimoine est toutefois assez complexe : une ville, une statue, un tableau, un livre, une chanson, un concert sont des objets qui en font tous partie de plein droit. Certains sont des objets au sens propre, d'autres des événements, d'autres encore des ensembles d'objets ; d'autres, enfin, ont une double vie – en partie physique, en partie abstraite. La recherche en physique, en chimie ou en sciences sociales nous dit quoi faire pour préserver le *David* de Michel-Ange ou la *Joconde*. Du concert de Bill Evans à Tokyo – événement particulier, inscrit dans un espace et un temps particuliers, événement unique –, on ne peut transmettre qu'un enregistrement. Le texte de la *Divine Comédie* – objet abstrait – est reconstitué à partir de manuscrits préservés grâce à des techniques matérielles, mais, une fois consolidé, le texte peut avoir une vie même uniquement numérique, et le manuscrit n'a plus, en quelque sorte, qu'un intérêt secondaire. L'exemple de la *Joconde*, en revanche, est différent : on ne se satisferait pas d'un projet de numérisation de la peinture italienne de la Renaissance qui, pour faire des économies d'espace et d'argent, détruit progressivement tous les originaux.

Qu'il faille examiner très soigneusement le projet de « transférer tout le patrimoine sur numérique », c'est ce que l'on peut déduire de la grande complexité, et, parfois, de l'imprévisibilité des rétroactions entre les enregistrements et la chose enregistrée. L'anthropologue Jack Goody nous présente un cas d'école. Étudiant les LoDagaa du Ghana, une population sans tradition écrite, il s'était demandé si les narrateurs du mythe du Bagré transmettaient fidèlement le texte qu'ils récitaient par cœur[1]. Grâce aux enregistrements sur bande magnétique, Goody parvint à montrer qu'une réinvention s'opérait continuellement à partir d'un schéma de base, y compris lorsqu'un même narrateur présentait le mythe à deux moments différents. En effet, la longueur du mythe dépasse largement les capacités de mémoire d'un individu ; sans le secours de l'écrit, il est pratiquement impossible de mémoriser avec précision des narrations amples et complexes. Affabulateurs plus qu'auteurs, donc. Il s'est avéré toutefois que les enregistrements de Goody, qui ne croquaient qu'un instant dans le temps long de la tradition orale, ont servi par la suite de texte de référence aux LoDagaa ! Cela a alors déplacé les équilibres sociaux : les capacités affabulatrices des narrateurs sont entrées en compétition avec la possibilité de mémoriser un texte par quiconque avait appris à lire. Moralité : enregistrer ne signifie pas automatiquement protéger et préserver. La tradition écrite a conféré un avantage à celui qui lit, et a annulé l'avantage de celui qui sait composer des histoires : la composition des histoires est une habileté menacée. Préserver peut aussi vouloir dire détruire, et la conservation doit être discutée attentivement.

1. J. Goody, *Pouvoirs et savoirs de l'écrit*, Paris, La Dispute, 2007.

La traçabilité et la transparence contribuent-elles à la politique ?

En 2006, Dominique de Villepin, alors Premier ministre, propose de retransmettre en direct à la télévision les sessions du Conseil des ministres[1]. Il s'agissait, dans son discours, d'une « opération transparence » : les citoyens auraient pu voir en direct le fonctionnement de la démocratie ; cela aurait permis de combler le fossé épistémologique entre le peuple et ses représentants. Mais vouloir tout rendre transparent a-t-il un sens ? Les partisans de la *web-democracy* seraient bien les derniers à dire le contraire. Les forums politiques, les votes en ligne, les débats sur les listes sont, au fond, l'exemple même de la transparence : tout ce que quelqu'un dit ou pense est accessible à tous les membres du forum, et il suffit d'un simple copier-coller pour porter à la connaissance de tout le web n'importe quelle proposition ou décision, qui appartiendra dès lors à l'histoire. Cette façon de procéder semblerait avoir une vertu : sachant que tout le monde a les yeux rivés sur vous, vous allez faire très attention à ce que vous dites.

Mais est-ce bien vrai ? Il existe des institutions ancestrales, comme les réunions à huis clos, qui continueront de nous accompagner pendant encore un long moment. Je dis bien les réunions à huis clos, couvertes par le sceau du secret, dans lesquelles les discussions ne sont ni retranscrites ni enregistrées, et dont la délicate synthèse est confiée à un communiqué consensuel.

1. « Villepin veut des caméras au Conseil des ministres », *Le Figaro*, 26/10/2006, http://www.lefigaro.fr/politique/2006/10/26/01002-20061026ARTWWW90312-villepin_veut_des_cameras_au_conseil_des_ministres.php

Réfléchissons-y un instant. Vous travaillez avec un interlocuteur coriace sur un problème complexe et controversé. Si vous savez que seul votre interlocuteur vous écoute, et qu'il ne restera aucune trace de la discussion, vous vous laissez aller ; à la rigueur, vous allez dire des choses qui sembleraient ridicules dans un autre contexte, ou qui paraîtraient inadmissibles à vos partenaires, qui sont là dehors. Mais dire des bêtises, et peut-être même en dire beaucoup, est un signe de créativité. Si vous faites cinquante propositions étranges, peut-être en ressortira-t-il une qui fera vraiment avancer les choses. Si, au contraire, le niveau des propositions est déterminé par la façon dont vous pensez qu'elles risquent d'être perçues par vos partenaires, à l'extérieur, il n'en ressortira rien d'intéressant.

En réalité, les réunions à huis clos servent à protéger les membres de votre parti, pas tant des critiques de l'opposition que des critiques de ceux-là mêmes qui sont de votre bord. Il faut que vous puissiez faire des propositions que votre parti (non l'opposition) n'accepterait pas. Le droit à l'oubli favorise la conversation. Si vous voulez avancer ensemble avec votre interlocuteur, vous avez aussi intérêt à ce qu'il ne soit pas discrédité par les siens : une petite fuite peut tout ramener à la case départ, voire nous faire encore davantage régresser.

On mesure ici une limite évidente et insurmontable de l'*e-democracy*. Certes, la participation démocratique est encouragée par la possibilité de participer à des forums de discussion, d'envoyer des messages à des listes électorales, de publier sur des blogs, de mobiliser l'opinion publique, mais la construction démocratique a besoin d'espaces d'invisibilité et d'oubli. Si le niveau des propositions est déterminé par la façon dont vous pensez que celles-ci risquent d'être perçues par le dernier des *trolls* d'une liste de diffusion, il n'en ressortira rien, au mieux quelque chose qui satisfera le dernier des *trolls* d'une liste de diffusion.

En fin de compte, la transparence transforme radicalement la nature des réunions : elle en fait des tribunes. C'est pour cette raison qu'il ne ressort jamais des *talk-show* politiques de grande avancée ni de grande proposition constructive. Dans ces fauteuils-là, on parle de politique et on s'adresse aux électeurs, mais on ne fait pas de politique. Faire de la politique, c'est dépasser ensemble des problèmes. Cela signifie chercher des compromis. Or, les compromis ne sont pas des points d'arrivée qui doivent plaire à tout le monde ; et, de fait, ils mécontentent généralement un peu tout le monde. Les compromis sont des points de départ. Ils servent à mettre un terme aux discussions, à les faire oublier, pour avancer sur d'autres discussions. Dans l'*e-democracy* où il reste une trace de tout, les compromis sont impossibles et, par là, la politique devient, elle aussi, impossible.

5.
Résister, être créatif

Dans ce chapitre, nous allons nous déplacer sur le terrain des propositions. Mais avant cela, je voudrais faire un point sur certains aspects conceptuels.

Le numérique se distingue par rapport à n'importe quel autre type de support pour essentiellement deux raisons : il invite à la migration, et il se nourrit de la possibilité de faire converger différents instruments en un unique gadget, comme aujourd'hui le smartphone ou une petite tablette, véritables couteaux suisses de l'ère numérique. Quand nous parlerons de migration vers le numérique, nous devrons désormais avoir présentes à l'esprit deux distinctions importantes. La première est la distinction entre les *choses* (objets, événements, propriétés) et les *représentations* des choses. Toute représentation (la photo d'un sandwich ou d'un accident de voiture) peut migrer vers le numérique ; à l'inverse, toute chose n'est pas numérisable (manger un sandwich, par exemple). Il n'existe pas de version numérique du couteau au sens où il existe une version numérique de ma signature : les pixels ne peuvent rien *couper*. La seconde distinction est celle qui sépare, d'un côté, la numérisation d'une activité et, de l'autre, les outils numériques servant à *assister* une activité, qui, en elle-même, n'a rien de numérique. La Wii n'a pas « délocalisé le tennis sur numérique » : le joueur bouge vraiment dans sa chambre, et seule l'exécution de ses mouvements est assistée par le contrôleur de la Wii. Nous ne pouvons pas faire migrer de la nourriture vers le numérique : la représentation de la nourriture ne nous nourrit pas, et commander une pizza en ligne, ce n'est pas encore manger. Enfin, une observation ontologique : le smartphone n'est pas un objet ; c'est une collection d'objets dont certains peuvent effectuer de nombreuses activités numériques, mais pas toutes, et pas toujours comme nous les exécuterions dans la réalité.

Toutes les technologies sont-elles de transition ?

Une société de services de sauvegarde en ligne, Mozy, a commandé un sondage[1] pour savoir quelles étaient les choses que nous ne faisions plus ou que nous ne ferions plus suite aux transformations de la technologie. Comme c'est toujours le cas avec les sondages déclaratifs, les résultats sont à prendre *cum grano salis* ; mais ce qu'ils disent est intéressant. Prenons au hasard quelques activités considérées par les sondés comme obsolètes : faire sécher son linge au soleil, aller à la banque pour gérer ses

1. http://mozy.com/blog/wp-uploads/2013/01/50-Things-Technology-Has-Taken-Over-3.jpg

économies, acheter un quotidien au kiosque à journaux, collectionner des CD, consulter une carte avant d'entreprendre un voyage, utiliser l'annuaire téléphonique, acheter des pellicules photo, acheter des appareils photo jetables, écrire une lettre ou noter un rendez-vous à la main, regarder le programme télévisé seulement à l'heure de diffusion, signer un chèque, tenir un journal, envoyer un fax, faire ses achats au marché aux puces. Il n'est pas nécessaire d'avoir beaucoup d'imagination pour cerner le profil des personnes sondées ; à l'évidence, elles ne sont pas représentatives de la population mondiale. On pourrait d'ailleurs sérieusement suspecter un conflit d'intérêts de la part du commanditaire : étant donné que bon nombre de ces activités se sont déplacées sur numérique, on sous-entend implicitement qu'il ne faut pas oublier de sécuriser ses données, qu'il faut penser à faire des sauvegardes régulières et sécurisées, tout ce que, précisément, offre le commanditaire. Cela étant dit, le thème du sondage nous lance un petit défi intellectuel. Les choses que nous ne faisons plus grâce à la technologie sont, en réalité, des choses que nous *faisions* grâce à la technologie. Les fax, les pellicules photo, les cartes géographiques, la télévision sont des technologies. C'est donc moins la technologie en soi qui fait la différence que la transformation technologique.

Une catégorie nous vient alors spontanément à l'esprit – celle de « technologie de transition » – pour décrire les appareils ayant une durée de vie relativement brève, et qui ont été remplacés plus ou moins définitivement par d'autres appareils. Le risque inhérent au concept de technologie de transition est toutefois sa banalisation. Toutes les technologies pourraient bien être des technologies de transition ; de même que la lettre a été remplacée par le fax et le fax par l'email, de même l'email se verra remplacé par de nouveaux systèmes de communication comme ceux utilisés par les réseaux sociaux, et ainsi de suite. La notion de technologie de transition n'est donc informative que pour autant qu'il existe des technologies qui ne sont pas de transition, des points d'arrivée que l'on ne peut plus dépasser. Il devient dès lors intéressant de réexaminer les résultats du sondage pour voir quelles technologies ne sont pas mentionnées. Je remarque qu'il y a de magnifiques absents : la lecture de livres papier, la fréquentation de l'école, les trajets à vélo, et l'utilisation de la voile pour se déplacer en mer. L'essayiste Nissim Taleb a proposé une règle empirique pour la survie d'une pratique ou d'une technologie : tout ce qui nous accompagne depuis plus de cinquante ans est destiné à nous accompagner encore pendant un bon bout de temps ; la majeure partie des nouveautés, en revanche, est condamnée à l'obsolescence rapide. Nous continuons à lire des livres papier, mais nous ne lisons plus, et nous ne réussirons probablement plus à lire des textes écrits avec Wordstar ou Wordperfect. Pour qui veut consacrer de grandes ressources à l'informatisation de l'école, la conclusion est assez rude. Investir dans des technologies qui sont assurément transitoires ne soutient pas la comparaison avec l'investissement dans des technologies qui passent remarquablement bien l'épreuve du temps : le papier imprimé, la tradition orale, la présence d'enseignants motivés à l'école.

Mais comment faisons-nous avec toutes ces erreurs ?

La qualité devrait être au centre des préoccupations de tous, et en premier lieu des enseignants. Revenons un instant au livre. Il y a quelques mois, j'ai acheté un texte, assez éloigné de mes lectures habituelles, intitulé *Shadowings* et écrit par Lafcadio Hearn, un auteur ayant vécu au Japon à la fin du XIXe siècle. J'ai une prédilection pour les phénomènes de l'ombre, mais disons que ce n'est pas mon domaine ; je suis tombé dessus par hasard en lisant une bande dessinée sur l'ère Meiji de Natsuo Sekikawa et Jiro Taniguchi [1].

Hearn naquit sur l'île grecque de Leucade d'un père irlandais et d'une mère grecque, et il était le petit-fils d'un des peintres de l'école de Barbizon ; il vécut à Dublin, puis aux États-Unis, et épousa (chose illégale à l'époque) une Afro-Américaine. Après de nombreuses péripéties, il finit par s'installer au Japon où il enseigna l'anglais dans une école de Matsue, puis à l'Université de Tokyo ; il épousa la fille d'un samouraï, prit le nom de Koizumi Yakumo, et publia un certain nombre de textes sur son pays d'adoption, parmi lesquels *Shadowings*.

Attiré par cet itinéraire singulier, je commande le livre pour quelques dollars sur un des sites habituels [2] ; je le reçois et je commence à le lire. Pourtant, après une page seulement, je m'arrête. Que dis-je ? Après quelques lignes ! Trop de coquilles,

---

1. J. Taniguchi, N. Sekiwawa, *Au temps de Botchan*, Paris, Casterman, 2011.

2. L. Hearn, *Shadowings*, Réimpression OCR General Books, 2010. Il en existe une traduction française, *Au Japon spectral* (1900), Paris, Mercure de France, 1929.

trop de termes étranges, trop de suites typographiques bizarres. Il était facile de comprendre qu'il ne s'agissait pas d'un vieil exemplaire ni d'une réimpression anastatique. Il s'agissait, en effet, d'une impression *à la demande* à l'aide d'un scanner à reconnaissance optique de caractères (OCR[1]). Le livre original a été scanné, soumis à une reconnaissance de texte, et imprimé *à la demande* à partir du fichier ainsi produit. La manchette explique en détail la procédure, comme pour s'excuser des inévitables coquilles, mais vantant, en réalité, d'une manière qui est typique des colonialistes numériques, le fait que l'OCR est « fiable à 99 % ». Ces chiffres racontent quelque chose, et il n'est pas inutile de faire un petit calcul : quand bien même la reconnaissance de caractères serait fiable à 99 %, si une page comprend 3 500 caractères, ce 1 % d'erreur veut dire que vous trouverez en moyenne 35 coquilles par page. Quand je trouve *une seule* coquille dans le texte que je suis en train de lire, il m'arrive souvent d'écrire une lettre à l'auteur ; pas du tout par récrimination, mais sincèrement en vue de l'aider. (Cette obsession de la coquille chez les autres ne nous rend malheureusement pas moins aveugles aux nôtres. Aussi, n'hésitez pas à m'écrire.) Or, même pour un lecteur bien moins maniaque, trente-cinq coquilles par page est un plat bien indigeste, qui, en l'espèce, empêche de savourer l'atmosphère raréfiée d'un Japon au bord de sa fin programmée, et qu'inquiète le présage d'une puissante renaissance.

L'impression à la demande et l'OCR sont des *technologies de transition*, situées, en outre, entre deux époques : celle du livre imprimé dont il ne reste qu'une trace graphique, et celle

1. En anglais : « optical character recognition ».

du livre numérique pour lequel l'impression est un épiphénomène. Mon premier livre, publié en 1990, a été composé sur une linotype. J'étais parti *en train* de Milan pour retirer mes épreuves à Vicence, et je les ai corrigées en une nuit, caniculaire et un peu hallucinée, dans ma chambre d'hôtel. Le typographe (je dis bien le typographe, et non pas l'éditeur) m'expliqua en détail ce que je pouvais et ne pouvais pas faire. Il fallait particulièrement faire attention à ne pas laisser d'*orphelines* ou de *veuves* : les pages qui commencent avec la dernière ligne du paragraphe précédent, et celles qui se terminent avec les premières lignes du paragraphe suivant. Veuves et orphelines auraient exigé de *recomposer au plomb* des pages et des pages, du moins jusqu'à la fin du chapitre où, on l'espérait, on avait laissé quelques lignes vides, par sécurité. J'ai essayé plus tard de me procurer une de ces plaques, petites et lourdes, qui servaient à l'impression, en vain ; je regrette encore aujourd'hui de ne pas avoir réussi à en obtenir, et il ne me reste plus qu'à sentir le relief des caractères d'imprimerie en passant la main sur les feuilles de ce premier livre. À l'extrême inverse, un grand nombre de mes publications ne sont disponibles qu'en ligne, et dans certains cas d'autopublication (par exemple, un petit livre sur le vote écrit avec Achille Varzi), je peux, au moins en théorie, retoucher le texte, et non seulement le corriger, mais même le transformer indéfiniment[1].

1. Même si je ne pense pas que cela soit une bonne chose : si l'on doit être responsable de ce que l'on écrit, il est important de fixer le texte dans un support qui ne peut plus changer. Wikipédia n'a pas ce problème dans la mesure où le statut d'*auteur* n'existe pas.

Corriger des épreuves est une pratique soumise à plusieurs contraintes qui dépendent de l'état de la technologie alors disponible. En d'autres temps, c'était un art. Romano Barboro, enseignant en typographie dont j'ai suivi les cours au début des années 90, se préoccupait moins des coquilles (auxquelles penserait de toute façon le correcteur d'épreuves) que des *chaînes* : cruelle collection d'espaces blancs qui courent sur plusieurs lignes en coupant la page, et qui frappent l'œil comme des foudres s'abattant en diagonale ou, pire encore, à la verticale. La correction tardive d'une coquille pouvait changer entièrement l'aspect global de la page, creuser des chaînes là même où le typographe avait réussi à répartir avec grâce le poids du noir des lettres sur la trame légère des espaces blancs.

L'esprit d'un correcteur d'épreuves, d'un typographe de l'ancien temps ou d'un lecteur maniaque doit se plier à de nombreuses contraintes. Toutes les erreurs typographiques ne sont pas visibles, en particulier si elles se truoevnt au mileiu des mtos. Une recherche en cours pourrait bien montrer qu'en France les principales victimes de la faute d'orthographe sont, paradoxalement, les gardiens du temple : les instituteurs. Il n'est pas toujours vrai que l'on apprend en faisant des erreurs ; à force de voir sans arrêt des fautes d'orthographe sur les copies, celles-ci finissent par se graver dans votre esprit. Dans ce cas, la technologie est précieuse : il n'est pas inutile de garder toujours active l'option de correction automatique pendant que l'on écrit, pour ne *jamais* voir ses propres erreurs soulignées en rouge sur l'écran.

Y A-T-IL UN SENS À FAIRE LA GUERRE À WIKIPÉDIA ?

Quand on parle d'erreurs aujourd'hui, on pense immédiatement aux critiques adressées à Wikipédia. Peut-on se fier à la plus grande entreprise intellectuelle collective jamais réalisée, et à la principale source d'informations factuelles de la plupart des personnes avec lesquelles on interagit ? Ou doit-on, au contraire, avoir quelques réserves et rester prudent, voire directement aller chercher ailleurs des informations plus certifiées, ne serait-ce que parce qu'on y trouve la signature et le visage d'un auteur qui assume par là la responsabilité de ce qu'il écrit ? Ces questions sont d'une grande actualité à l'école : Wikipédia est inévitable, pour la simple raison qu'on l'utilise de toute façon. J'ai déjà mentionné que Wikipédia représentait une migration réussie vers le numérique, à côté du guide touristique et du livre de cuisine ; mais la migration, dans son cas, est encore plus heureuse. La version française de Wikipédia compte aujourd'hui, en 2013, presque un million quatre cent mille entrées. Si l'on estime que mille pages occupent dix centimètres, il vous faudrait cent quarante mètres d'étagères pour garder des informations dont la majeure partie ne vous sert strictement à rien. Il ne viendrait à l'esprit de personne de vouloir imprimer toute l'encyclopédie que l'on trouve facilement en ligne. S'il est un cas dans lequel le numérique a libéré une entité livresque, c'est bien celui de l'encyclopédie dont les modalités de lecture sont brèves et liées à une recherche ponctuelle.

Les luddistes n'aiment pas Wikipédia, mais ils ne sont pas les seuls. Une approche pragmatique suggère de mener uniquement des batailles que l'on peut remporter, sans pour autant se retirer quand le combat se fait dur et que l'issue est incertaine. C'est une chose que d'inviter les lecteurs à ne *pas* lire les articles de Wikipédia et à lui préférer l'encyclopédie Universalis, la Britannica ou n'importe quelle autre encyclopédie, papier ou en ligne, néanmoins dotée d'un comité éditorial ; c'en est une autre que de réussir à les convaincre. De fait, la question de la fiabilité se pose à quiconque cherche une information. Mais dans la mesure où tous ceux qui cherchent une information ont de fortes chances d'utiliser Google, si un article de Wikipédia se trouve tout en haut de la page de réponse de Google, comme c'est souvent le cas, alors il est inévitable qu'ils iront regarder l'article de Wikipédia. La bataille à mener n'est donc pas d'inviter à ne pas consulter Wikipédia ou de vouloir convaincre qu'il vaut mieux s'en passer, mais plutôt d'essayer d'améliorer la qualité de ce qui s'y trouve, puisque c'est là et pas ailleurs que vos amis, vos enfants, vos collègues et vos étudiants finiront probablement par regarder, et puisque Wikipédia *peut* être édité.

Inviter à intervenir sur Wikipédia n'est certainement pas sans risques. Toutes sortes de pollutions se profilent à l'horizon : individus qui font l'éloge de leurs favoris (y compris d'eux-mêmes) et se lancent dans des philippiques contre leurs ennemis, interventions publicitaires, vandalisme tribal ou religieux, incapacité à aligner deux mots, impudence, dilettantisme, et ainsi de suite. Rien de nouveau sous le soleil pourtant. L'anecdotique invite à une certaine prudence, y compris dans le cas des encyclopédies à l'ancienne. Prenez, par exemple, le *Lexikon der Renaissance*[1], publié dans l'ex-Allemagne de l'Est

1. G. Gurst, S. Hoyer, E. Ullman, C. Zimmermann, *Lexikon der Renaissance*, Leipzig, VEB Bibliographisches Institut, 1989.

peu avant la chute du mur de Berlin : il est plus utile pour un cours sur la culture du régime de la RDA que pour obtenir des informations sur la Renaissance. Plus prosaïquement, les encyclopédies sont les produits de tentatives de mise en ordre du savoir à partir d'un unique registre classificatoire – contre lequel personne n'a à redire –, à savoir l'ordre alphabétique, et, en tant que telles, elles sont inévitablement le miroir de leur époque. Il n'existe pas d'encyclopédie parfaite ni de méthodes consensuelles pour en concevoir ; il n'existe pas non plus de lecteur d'encyclopédies qui les lise de A à Z, ou alors c'est qu'il est un peu excentrique ; les encyclopédies ne sont que des collections de fragments obéissant à des logiques décisionnelles qui portent sur les plus hautes sphères et produisent des compilations de listes de course. Et quand elles sont utiles, ce dont je ne doute pas, elles le sont autant à ceux qui les rédigent qu'à ceux qui les lisent, parce qu'elles aident à mettre en forme un savoir de façon simple et concise, ou parce qu'elles créent, ou cristallisent, des identités culturelles. Dans cette perspective, l'apport de Wikipédia est d'aider de très nombreuses personnes à clarifier leurs idées, non pas en lisant, mais en écrivant.

Pourquoi ne pas corriger, vous aussi, Wikipédia ?

Pour ma part, j'ai mis récemment un peu d'ordre dans la trame des *Fiancés* de Manzoni. J'ai éliminé quelques passages peu clairs, et supprimé une redondance inutile. Cela fait de nombreuses années que je retouche par-ci par-là l'encyclopédie en ligne ; et j'ai même, depuis quelque temps, un compte d'utilisateur, sans toutefois être un éditeur acharné. J'apporte de temps en temps ma contribution, sur les choses que je connais, ou même seulement pour corriger quelques défauts de style. Mais d'autres sont bien plus actifs et vigilants que moi. Dans le cas de la trame des *Fiancés*, mes corrections ont été rejetées en l'espace de quelques minutes :

> Salut ! La modification que tu as opérée semble avoir été un test, aussi a-t-elle été retirée et la page restaurée.

Après un moment de découragement, j'ai pensé qu'il s'agissait d'un message automatique, et j'ai répondu en cherchant un interlocuteur humain, étant donné que ma correction était plus que justifiée : j'avais supprimé un passage qui apparaissait deux fois. Voilà ce que l'on m'a répondu :

> J'ai restauré le texte original sans la duplication. Il est important d'insérer l'objet de la modification, c'est-à-dire un bref commentaire décrivant l'intervention apportée à l'article (par exemple : « je corrige une erreur », ou « j'ajoute une source ») pour aider les autres utilisateurs à comprendre la modification effectuée. Les suppressions de texte non motivées sont, en général, annulées, et l'article est restauré dans sa version précédente. Merci et bon travail.

Que se passe-t-il ici ? Un opérateur trouve des modifications qui ne sont pas assorties d'un commentaire, et interprète cela comme un acte de vandalisme, petit ou grand ; en l'absence de preuves contraires, il remet la page telle qu'elle apparaissait précédemment. Or, si une discussion est engagée, il va juger la qualité de la correction et intervenir de nouveau, dans mon cas, en l'acceptant.

Mon éditeur se trouve être un administrateur, membre élu par la communauté d'utilisateurs de Wikipédia. Son travail est bénévole et ne lui confère qu'un titre honorifique virtuel. Grâce à des personnes comme lui (ou elle, les administrateurs se cachent sous des pseudonymes), un organisme informatique complexe comme Wikipédia résiste au vandalisme, aux spams, et à des formes plus insidieuses d'intervention éditoriale, comme, par exemple, l'autopromotion, le maquillage biographique, la réécriture de l'histoire, et même de la science. Ce n'est pas une bataille facile, mais il n'y a pas, en général, de bataille facile pour qui travaille à préserver et à transmettre un trésor de données.

Wikipédia est souvent critiquée, mais comme toujours, on ne peut pas comparer ce qui est incomparable. L'ouverture rendue possible par le wiki[1] maintient en équilibre le risque de l'intrusion et la possibilité de la correction. Les controverses idéologiques peuvent, dans une certaine mesure, être circonscrites ; on présuppose que les auteurs, et les lecteurs, s'appuient sur des faits. On trouvera toujours quelques opinions divergentes sur l'année du naufrage du *Titanic* (1912), et peut-être certains ont-ils des doutes sur l'énoncé de la conjecture de Goldbach (*tout nombre entier pair supérieur à 2 est la somme de deux nombres premiers* ; ne faudrait-il pas plutôt écrire… *de deux nombres premiers égaux ?*), mais, au bout du compte, une encyclopédie est fondée sur le présupposé que les faits finissent par s'imposer. C'est la raison pour laquelle, soit dit en passant, il est difficile d'utiliser des wiki pour construire des programmes politiques :

1. Le terme « wiki » désigne un site web dont les pages peuvent être modifiées par les visiteurs.

l'horizon n'est plus principalement factuel, mais normatif, et les arbitrages finissent par se faire par les chefs de clans. Pour des programmes politiques, le *crowdsourcing* (littéralement, « approvisionnement par la foule ») risque de n'être rien d'autre qu'une des nombreuses versions numériques du populisme[1].

Après tout, Wikipédia ne fait que nous rappeler que la qualité dépend des personnes. L'un des effets secondaires de l'encyclopédie libre est d'avoir implicitement créé une grande école de directeurs éditoriaux. Ce qui, si je peux me permettre, contribue également à la démocratie. Mais pour que cela puisse fonctionner intelligemment, il est essentiel qu'il reste une trace des corrections (la « discussion » de Wikipédia). Corriger est un art, mais surtout une responsabilité. Trop peu d'utilisateurs encore savent qu'il est possible de modifier des entrées sans avoir à demander la permission à quelqu'un. Les intellectuels, les chercheurs, les enseignants et les étudiants devraient aider à la construction de cet espace public. On s'inquiète du fait que les étudiants, précisément, puissent copier et coller les contenus de Wikipédia lorsqu'ils font une recherche ; cette inquiétude peut être retournée comme un gant si l'on s'inspire, par exemple, de l'initiative de l'*American Psychological Association*, qui invite ses membres à améliorer les articles de psychologie[2], ou encore du *Global Education Program* qui fait entrer Wikipédia dans les universités brésiliennes, indiennes, et canadiennes, en utilisant

1. Nous l'évoquions dans R. Casati, G. Roncaglia, « La struttura di uno strumento di scrittura collaborativa per la democrazia partecipata », *Rivista di Estetica*, 2007, vol. 47, n° 36, p. 59-79.

2. S. Breckler, « Don't like wikipedia ? Change it », *Psychological Science Agenda*, décembre 2010. http://www.apa.org/science/about/psa/2010/12/wikipedia-change.aspx

l'écriture des entrées de l'encyclopédie comme des devoirs à faire à la maison. Il existe aussi des ONG militantes comme Lettera27 qui se donnent pour mission d'augmenter la visibilité et le prestige de certains articles traitant de l'Afrique[1], dans une sorte de mouvement de colonisation culturelle inversée. Il y a donc bien, en définitive, de nombreuses marges d'action.

Comment résoudre un différend sur Wikipédia ?

Connaître, c'est pouvoir. La connaissance est aussi une forme de pouvoir, et, à ce titre, elle se trouve régulée. Il ne faut pas penser uniquement à la censure ou à ses variantes modernes et *soft* – occulter des informations, noyer les faits dans l'océan des opinions, colporter des mensonges par toutes sortes de campagnes de dénigrement –, qui sont, en l'occurrence, des situations dans lesquelles l'exercice du pouvoir freine la connaissance. Il ne faut pas non plus penser que le rapport entre la connaissance et le pouvoir est toujours pathologique. Les revues scientifiques décident des articles à publier en s'efforçant de filtrer les textes de mauvaise qualité : c'est un exercice du pouvoir, mais qui favorise le développement de la connaissance.

La connaissance rééquilibre la balance lorsqu'elle exige de la transparence dans l'exercice du pouvoir. « À partir de quels critères avez-vous refusé mon article ? » peut demander l'auteur. Prenons encore l'exemple de Wikipédia. Sa suprématie actuelle dans le domaine de la gestion des connaissances en fait le point

1. www.lettera27.org (par souci de clarté, je précise que je collabore à certains des projets de cette fondation).

de mire de tous ceux qui veulent s'autopromouvoir ou promouvoir leurs idées ou leurs programmes en se servant de la respectabilité, voire du prestige que confère automatiquement le fait d'apparaître parmi ses items[1]. Mais les lecteurs ont le droit de ne pas être pollués par ce bombardement savant. Si vous cliquez plusieurs fois sur le lien « une page au hasard », vous verrez que le résultat est presque toujours ou un titre de livre, de disque ou de film, ou alors un lieu géographique ou encore une personnalité. Il n'est pas absurde d'affirmer que tous les lieux, les livres ou les personnalités ne méritent pas d'avoir une notice encyclopédique. Wikipédia présente toute une série de procédures[2] pour décider de la notoriété ou de la pertinence d'une entité. Si celle-ci n'est pas pertinente, l'article qui lui est consacré est refusé. La méthode consiste à tailler : un utilisateur x rédige un nouvel article, d'autres utilisateurs (dans la « discussion ») essaient de savoir si l'article peut, ou non, être pertinent, et un superviseur met fin à la discussion si celle-ci atteint le consensus, acceptant ou éliminant l'article. La transparence de la procédure est assurée par la possibilité de la discussion et par l'accord sur certaines lignes directrices. En effet, en disant que quelque chose peut ou ne peut pas faire partie de la liste des entrées, les lignes directrices sur la pertinence définissent implicitement les limites de Wikipédia. Par exemple, Wikipédia « n'est pas un journal » ; par conséquent, on ne doit pas y faire figurer des événements uniquement parce

1. Sur l'autorité épistémique, voir G. Origgi, « What Does it Mean to Trust in Epistemic Authority ? », in P. Pasquino, P. Harris (éd.), *The Concept of Authority. A Multidisciplinary Approach : From Epistemology to the Social Sciences*, Rome, Fondazione Olivetti, 2007, p. 89-115.

2. http://fr.wikipedia.org/wiki/Wikipédia:Notoriété

qu'ils sont susceptibles de faire la une, même si, à l'évidence, de nombreux événements ayant fait l'actualité y figurent.

En coulisses, une bataille intéressante se joue entre les inclusionnistes, qui tendent à élargir les mailles du filet, et les exclusionnistes, qui tendent à les resserrer. Pendant une courte période, il existait même une « *Deletionpedia* », qui recueillait certains des articles annulés par Wikipédia. On remarquera que même cette « Annulencyclopédie » avait ses restrictions : on n'y acceptait pas tous les articles annulés par Wikipédia ; ceux qui faisaient preuve de vulgarité, par exemple, étaient également exclus de la seconde.

Un travail de Moritz Stefaner, Dario Taraborelli, aujourd'hui principal analyste de recherche de la *Wikimedia Foundation*, et Giovanni Luca Ciampaglia[1] met en évidence quelques-unes des modalités de la discussion qui conduisent à l'annulation ou à la sauvegarde des articles. Les trois chercheurs ont analysé les cent discussions les plus longues autour des articles acceptés, et les cent discussions les plus longues autour des articles refusés. La présentation visuelle est éloquente. Chaque contributeur à la discussion est représenté par un segment qui fait croître la plante – ou la mauvaise herbe – de la discussion. Si c'est un exclusionniste qui écrit, le segment s'oriente vers la gauche, et si c'est un inclusionniste, le segment tourne vers la droite. Une plante qui pousse bien droit est une

1. Voir D. Taraborelli, G.L. Ciampaglia (2010), « Beyond Notability. Collective Deliberation on Content Inclusion in Wikipedia », *Fourth IEEE International Conference on Self-Adaptive and Self-Organizing Systems Workshops* (SASOW 2010). Par souci de clarté, je précise que j'ai dirigé la thèse de doctorat de D. Taraborelli.

image de l'indécision – accepté, annulé, accepté, annulé –, sa direction n'est jamais définitive. Une plante qui tourne sur elle-même est une image du consensus : accepté, accepté, accepté (ou annulé, annulé, annulé...). On trouve aussi de grands zigzags : beaucoup de accepté, accepté, accepté..., suivis de beaucoup de annulé, annulé, annulé. Dans ces derniers cas, il est probable que les intervenants soient coordonnés : par exemple, un groupe d'amis intervient pour sauver un article qu'il trouvait menacé. D'autres données intéressantes sont liées au fait que de nombreuses discussions ont un nombre d'échanges limité (en général, la pertinence se repère facilement), que toutes les discussions ne commencent pas par des tentatives d'annulation, et que quelques-unes – peu nombreuses – durent indéfiniment.

Ces données nous poussent à réfléchir sur la complexité des décisions qui régulent la production et l'accès à l'information. J'en reviens donc à la proposition que j'ai faite aux professeurs du secondaire, légitimement préoccupés par le copier-coller acritique et inutile de Wikipédia dans les recherches demandées aux élèves, d'encourager au contraire leurs élèves à *écrire* un article dans Wikipédia. Ce n'est pas une idée subversive : c'est une invitation directe à prendre part au mécanisme de la connaissance. Voir sa notice refusée, lire la discussion, comprendre les interventions éditoriales des autres utilisateurs, est un moyen de se rappeler que connaître n'est pas seulement recevoir des informations qui seraient présentes sur le web comme l'air est présent autour de nous, ou qui découleraient simplement des faits grâce à une sorte d'agrégation magnétique.

Qui a besoin de la mort de l'écureuil ?

Les nouveaux utilisateurs d'Internet naviguent avec aisance d'un lien à l'autre, n'ont aucune difficulté à composer des *mash-up*, créent leur propre texte en faisant des copier-coller, et partagent rapidement des contenus en tout genre. Être capable de faire ce type de choses ne signifie pas pour autant que l'on comprenne ce que l'on est en train de faire ni que l'on soit capable d'évaluer la qualité de son propre travail. Or, dans toutes ces activités, la qualité des résultats obtenus *dépend de la qualité de ce qui est mis en circulation et de la façon dont cela nous parvient.* Et comment cela nous parvient-il ? Généralement, grâce aux serveurs d'un moteur de recherche comme Google ou Bing, ou par le biais des suggestions d'amis sur Twitter ou une page quelconque d'un réseau social.

Ici se profile véritablement un problème *de taille*, qui, d'un côté, doit pousser l'école à abandonner une fois pour toutes la course au mythologique « natif numérique » qui en saurait plus que ses enseignants, et, d'un autre côté, l'inviter à expliquer vraiment à ces *utilisateurs inconscients de l'Internet* quelles dynamiques se cachent derrière le simple fait de formuler une demande dans la petite fenêtre d'un moteur de recherche. *Nous laissons constamment des traces en ligne ; non seulement ce que nous écrivons, mais aussi les recherches que nous effectuons font partie de cette mémoire technologique.* Si notre histoire devient une histoire numérique, c'est-à-dire de l'ensemble des traces que nous laissons sur Internet, surgit alors le risque d'être *pris au piège* dans une bulle d'informations qui, au lieu de produire de la connaissance, ne fait rien d'autre que de nous présenter de façon apaisante ce que l'on pense qui pourrait nous plaire. Non pas la réalité, mais l'image que nous voudrions qu'elle ait. Ou, pire, l'image qu'un robot informatique a créée pour nous à des fins publicitaires.

Analysons à présent les informations et leur importance. Les informations vraiment capitales parviennent-elles, quoi qu'il en soit, à celui qui en a besoin ? On pourrait penser qu'une population toujours connectée, grâce aux smartphones, finit par avoir des antennes, détectant le moindre signal, et en particulier ceux qui annoncent des événements d'une importance vitale. Nous devons donc d'abord déterminer ce qu'est une information importante. Mark Zuckerberg, fondateur de Facebook, a déclaré : « La mort d'un écureuil juste devant votre porte peut être plus pertinente pour vos intérêts immédiats que celle d'une personne en Afrique. » Cela expliquerait très certainement pourquoi il se vante volontiers d'avoir créé, avec Facebook, le plus grand fournisseur d'« informations » au monde. À l'opposé, la nouvelle du 11 septembre, considérée par tous comme essentielle, a, *quoi qu'il en soit*, trouvé le moyen d'arriver jusqu'à notre porte, surpassant tous les obstacles possibles – comme si elle était dotée d'une force immense, capable de franchir non seulement les océans, mais encore toutes les barrières d'intérêts plus ou moins immédiats.

Les informations qui sont généralement pertinentes pour nous peuvent être futiles, tandis que celles qui sont vraiment importantes peuvent avoir une vie propre, indépendamment de la perception que nous avons de leur pertinence. Ces deux axiomes impliquent que l'on peut tranquillement cesser de s'enquérir obsessionnellement des nouvelles, et attendre que la vie nous rattrape d'elle-même. Souvenons-nous d'Herbert

Simon qui, précisément, déclarait ne pas avoir besoin des médias pour savoir ce qui arrivait.

Mais cela ne se passe pas ainsi en réalité, parce qu'il nous plaît de connaître les nouvelles, et que nous passons une bonne partie de notre temps à rechercher des informations de toutes sortes. Un autre problème surgit ici qui est celui du piège informationnel. Eli Pariser[1] a examiné la façon dont la recherche d'informations se trouve désormais, depuis plusieurs années, conditionnée par des systèmes de recommandations qui font du web un immense centre commercial personnalisé. On connaît déjà les recommandations plus ou moins explicites de la librairie en ligne Amazon (« Les clients ayant acheté *Le Seigneur des anneaux* ont également acheté… »), mais il en existe bien d'autres. Les algorithmes de recherche de Google proposent des résultats différents selon le profil du demandeur. Si vous cherchez des informations sur Marx et que vous êtes un progressiste habitant Venise, vous recevrez des résultats différents de ceux que recevra un conservateur de Hambourg. Google analyse vos recherches passées pour construire un modèle de votre moi en ligne, et vous proposer des résultats dont on prévoit qu'ils seront pertinents pour vous. Le modèle est un filtre qui cache une partie de la réalité, nous renvoyant constamment l'image de nos préférences. Le mécanisme de rétroaction est rapide et redoutable : Google construit un modèle à partir de vos clics et d'autres données ; il vous propose des réponses, et vous cliquez sur les réponses qu'il propose parce que vous les trouvez pertinentes, entretenant ainsi à votre tour le modèle, qui vous propose d'autres réponses toujours plus « pertinentes », et ainsi de suite. En fin de compte,

1. E. Pariser, *The Filter Bubble*, New York, Penguin Press, 2011.

c'est inévitable, l'horizon des réponses se rétrécit parce que vos réponses convergent vers ce que Google vous propose. Un service d'agrégation de nouvelles comme Google News apprend quelles sont vos préférences *idéologiques*, et ferme petit à petit l'horizon au-delà duquel il vaut parfois la peine d'aller regarder.

Il ne faut pas croire que la suggestion explicite est moins manipulatrice que la suggestion cachée lorsque celle-ci est formulée en termes de préférences de groupe. Robert Cialdini[1] a montré comment la référence aux choix d'un groupe peut influencer de façon significative les choix individuels. Les hôtels invitant à ne pas changer les serviettes chaque jour en invoquant la noble cause du respect de l'environnement rencontrent sur ce point moins de succès que ceux qui signalent : « 90 % de nos clients ne changent pas les serviettes chaque jour. »

Si nous lisons toujours plus ce que nous nous attendons à lire, nous finissons par être enfermés dans l'horizon de nos attentes. Évidemment, ce phénomène d'emprisonnement dans un système de miroirs idéologiques ne date pas d'hier, et il existait bien avant la diffusion des réseaux sociaux. Combien d'entre nous lisent un journal ou fréquentent des sites qui expriment des positions très différentes des nôtres ?

Quant à Facebook, on ne sait même pas très bien ce qu'il fait, étant donné qu'il change tous les deux jours ses paramètres de « confidentialité », s'il nous est encore permis d'utiliser ce terme face à l'avalanche de données personnelles que les utili-

1. R. B. Cialdini, « Don't throw in the towel: Use social influence research », *American Psychological Society Observer*, 2005, vol. 18, 4, p. 33-34.

sateurs mettent tranquillement à la disposition de l'entreprise. Il est certain que la personnalisation est un de ses chevaux de bataille, et il n'a pas besoin de créer des modèles compliqués puisque que ses utilisateurs disent déjà tout d'eux-mêmes.

Naturellement, ces maisons ne sont pas de sympathiques organismes humanitaires à but non lucratif : elles vendent nos profils bien nourris à des annonceurs qui ne demandent pas mieux que de tout savoir de nous. Pariser évoque avec beaucoup de lucidité les frontières à venir, notamment la géolocalisation : dès que vous passerez près d'un magasin dont l'annonceur sait qu'il peut vous intéresser, vous recevrez un SMS. (Et comment l'annonceur peut-il savoir que cela vous intéresse ? C'est vous qui le lui avez dit avec tous ces clics sur les profils de vos amis quand ils font ceci ou cela. Ne l'oubliez pas : sa source d'informations est extrêmement fiable, c'est vous ! Et comment sait-il que vous êtes vraiment là où vous êtes ? Mais attendez, ne venez-vous pas à l'instant de faire un *check-in* sur FourSquare ? N'avez-vous pas laissé active sur votre smartphone l'option qui permet à vos « amis » de voir où vous êtes ?) Pariser mentionne également le croisement des données laissées à la légère sur votre réseau social préféré avec celles que produit l'utilisation de votre carte de crédit[1].

1. Pour un examen extrêmement lucide des problèmes de protection des données personnelles liés aux réseaux sociaux, même s'il est centré sur le contexte américain, où l'on est certes plus permissif qu'en Europe, voir L. Andrews, *I Know Who You Are and I Saw What You Did*, New York, Free Press, 2012. L'ouvrage d'Andrews – qui n'est pas une luddiste – a le mérite de formuler une proposition concrète, une véritable « Constitution des réseaux sociaux », que l'on peut consulter aussi à l'adresse suivante : http://www.socialnetworkconstitution.com/the-social-network-constitution.html

Wittgenstein avait mis en garde contre « le régime unilatéral des exemples », et les psychologues cognitifs connaissent très bien cette tendance à chercher des preuves – que l'on finit toujours, à un moment donné, par trouver – qui confortent ses propres opinions. Un paysage de résultats personnalisés peut être perçu comme un extraordinaire gain de temps ou comme un immense appauvrissement des horizons de chacun d'entre nous. Cela dépend de ce que l'on cherche, et de ce que les Seigneurs Numériques[1] pensent être important à nos yeux. S'ils décident que notre sens de la pertinence doit être calibré sur la « mort de l'écureuil », je crains malheureusement que nous soyons du côté de l'appauvrissement.

Quels remèdes ? Il existe des optimistes. Le philosophe Alvin Goldman de l'Université de Rutgers pense qu'un système démocratique serait par nature un régulateur vertueux de la qualité de l'information[2]. La démocratie serait « avide d'informations », parce que les électeurs ont besoin de savoir ce qui les attend si tel ou tel candidat vient à être élu. Mais dans une société où les électeurs sont polarisés, et le vote utilisé de façon identitaire, la vérité est que l'unique information vraiment pertinente est déjà disponible, sous la forme d'une conditionnelle : si mon candidat gagne, le vôtre perd, et *vice versa*. Les électeurs ignorants et paresseux sont parfaitement compatibles avec le système démocratique[3]. Pariser, pour sa part, considère favorablement la législation européenne sur la vie privée, beaucoup

1. L'expression est de J. Lanier, *op. cit.*

2. A. Goldman, « Démocratie, Connaissance et Pouvoir », Conférence au Collège de France, 19/06/2012.

3. Comme le montre bien le déjà cité F. Tonello, *L'Età dell'ignoranza*, *op. cit.*

plus restrictive que la législation américaine. Encore faut-il voir par la suite jusqu'à quel point le carcan législatif est suffisant pour limiter les mouvements imprévus et surprenants des Seigneurs Numériques et de leurs vastes cabinets d'avocats.

Une autre possibilité d'intervention, qui repose sur une conception essentiellement pessimiste, est d'inviter les utilisateurs à manipuler les recherches. Il y a ici, en effet, un point assez crucial que Pariser ne me semble pas avoir bien mis en évidence :

> [Google] affirme... qu'il doit absolument tenir secret son algorithme de recherche, car s'il venait à se savoir, il serait aisément manipulable. Or, les systèmes ouverts sont plus difficiles à manipuler que les systèmes fermés, précisément parce que tout le monde a intérêt à éliminer les bugs. Par exemple, le système opérationnel Open source Linux s'avère plus sûr et moins sujet aux virus que les systèmes fermés comme Windows de Microsoft ou OS X d'Apple[1].

Or, le problème n'est pas vraiment celui de l'attaque informatique ou de la stabilité du système. La manipulation, pour Google, est synonyme de corruptibilité des indicateurs. De fait, tous les indicateurs sont corruptibles, et le secret les protège en partie de la corruption, c'est-à-dire de la multiplication de comportements stratégiques. Mettons, par exemple, que l'on décide de mesurer la production scientifique en comptant les articles publiés : tous les chercheurs tendront à saucissonner leurs articles de façon à grossir leur CV sans trop d'effort. Si l'on décide de récompenser ceux qui sont les plus cités, se mettra alors en place un véritable marché de la citation. Si l'on

1. E. Pariser, *The Filter Bubble*, *op. cit.*

décide de subventionner les écoles dans lesquelles les étudiants ont de meilleures notes en mathématiques et en français, on se retrouvera très vite avec des écoles qui suppriment des matières comme l'histoire et la géographie. Si l'on cherche à évaluer les écoles en termes électroniques, on finira par ne voir que la connectivité d'une école ou le nombre d'ordinateurs qu'elle contient. Thomas Campbell, chercheur en sciences sociales, avait résumé cette idée par un adage selon lequel plus un indicateur social est utilisé pour prendre des décisions, plus il sera victime de tentatives de corruption, et plus il déformera les processus qu'il devrait, au contraire, mesurer[1].

En ce qui nous concerne, la corruptibilité des indicateurs suggère une forme de réponse somme toute minimaliste : il n'est pas nécessaire de mettre la main sur le code source pour intervenir, il suffit de faire des recherches *qui ne disent rien de nous* pour tromper (un tant soit peu) l'algorithme. Jusqu'à quel point ? Cela n'est pas clair. Il existe des entreprises spécialisées (les fameux nouveaux emplois de l'« économie basée sur la connaissance ») qui prennent soin de la réputation en ligne de leurs clients. *WeAreReputation* se vante de pouvoir « créer des contenus positifs, supprimer les liens négatifs, et gérer les crises d'image ». D'une certaine façon, ces entreprises pensent être capables d'influencer le comportement des algorithmes pour rehausser votre réputation sur le web. Elles transforment sur mesure le paysage numérique et rendent caducs les indicateurs purement quantitatifs dont on devrait désormais commencer à se méfier systématiquement. Naturellement, si l'on venait à découvrir que

1. D. T. Campbell, « Assessing the Impact of Planned Social Change », *Evaluation and Program Planning*, 1979, vol. 2, p. 67-90.

telle ou telle entreprise ou telle ou telle personnalité utilise les services de *WeAreReputation*, sa réputation précisément s'effondrerait aussitôt. La conséquence amusante, ou inquiétante, de ce travail intense est que le web est peuplé de *fakes*, de faux profils qui ne correspondent à aucune personne réelle, et qui servent uniquement à grossir les statistiques des « j'aime » et des « amis ». Selon une estimation récente, sur le milliard ou presque de profils Facebook, plus de quatre-vingts millions (à peu près la population de l'Allemagne) sont des *fakes* (données Facebook d'août 2012). Les prétendus natifs numériques ont une chance sur douze d'« interagir » avec un zombie électronique.

Les utilisateurs savent (mais c'est du pur romantisme) qu'ils peuvent donc chercher à se protéger en jetant de temps à autre du sable dans l'engrenage des moteurs de recherche. Par exemple, vous pouvez épisodiquement chercher des choses très étranges, qui ne vous intéressent pas du tout, et le faire systématiquement : variétés de salade *et* voitures d'époque ; médecines parallèles *et* tournevis à tête cruciforme ; bateaux à moteur *et* œuvres de Benjamin Constant. Ou alors, vous pouvez choisir quinze fois « un article au hasard » de Wikipédia (pourvu que vous soyez assuré qu'on vous le propose vraiment au hasard !), et faire ensuite une recherche Google sur ces articles. Ce ne seront, malheureusement, que des gouttes d'eau dans la mer informationnelle, des piqûres d'épingles pour les algorithmes. Il faudrait avoir des robots qui cherchent systématiquement à notre place, noyant notre profil dans une nébuleuse indistincte, en nous transformant, aux yeux des Seigneurs Numériques et de leurs annonceurs, en d'inutiles bruits de fond. Je n'ai aucun mal à imaginer une nouvelle éthique ou étiquette du web qui sanctionne comme « inappropriés » ces comportements.

À ce stade, nous devons encore une fois rendre hommage au livre papier. *Un des avantages du livre papier est qu'il est (jusque-là) imperméable à l'intrusion de la personnalisation.* Ce n'est le cas d'*aucun* livre en format numérique, de fait ou par principe. En effet, le Kindle d'Amazon sait, *page par page*, ce que vous êtes en train de lire, grâce à Whispersync qui, apparemment, vous permet de reprendre votre lecture là où vous l'aviez arrêtée avant d'éteindre la tablette, mais qui, à chaque fois que vous vous reconnectez à Internet, envoie les données de lecture à la maison mère. Naturellement, Amazon sait déjà quels sont les livres que vous achetez, mais Whispersync accomplit un saut qualitatif. Un blogger[1] s'est amusé à faire une liste des informations qu'il lui plairait d'extraire des données d'Amazon (Quels sont les livres dont le dernier chapitre est lu avant les autres ? Quels sont les livres qu'on achète, mais qu'on ne lit pas ? Quels sont les livres les plus commencés, mais jamais terminés ? Et quels sont ceux que l'on ne lit jamais la nuit ?). La réalité dépasse la fiction : ces données sont effectivement utilisées par Amazon, aujourd'hui pour donner des recommandations à ses clients, demain pour fabriquer des écrivains capables d'écrire exactement ce que le public « veut ».

Dans ce cas, résister signifie peut-être faire ses achats dans des petites librairies, qui ne sont pas à portée de main, et en payant comptant des livres secrets que personne ne nous soupçonne de lire. Mais quelles sont les autres stratégies disponibles ?

---

1. P. Lamer, « Spying on how we read », http://musicmachinery.com/2010/03/26/spying-on-how-we-read/, consulté le 26/07/2012.

La mémoire courte étouffe l'attention

Le syndrome d'enfermement se manifeste même dans l'utilisation la plus élémentaire et immédiate de ces interfaces qui devraient nous *aider* à lire. Si vous faites partie des utilisateurs de Firefox, un navigateur internet libre, ou de Safari, le navigateur d'Apple, vous aurez probablement remarqué qu'une nouvelle fonctionalité a été ajoutée dans les dernières versions : à chaque fois que vous ouvrez un nouvel onglet (ctrl+tab), les pages les plus visitées auparavant apparaissent (dans Safari, cela s'appelle *« Top Sites »*). L'effet distrayant de la « page en mémoire » est extrêmement puissant. Je suis en train de lire une description d'un jardin historique, j'ai besoin de trouver une information sur une certaine variété d'arbre, j'ouvre un nouvel onglet : et voilà qu'apparaissent les journaux que j'ai consultés hier en ligne, avec leurs titres actualisés ; la boîte de messagerie avec les nouveaux messages en évidence, et ainsi de suite. Allez, juste un coup d'œil. Qu'est-ce que j'étais en train de faire déjà ? Au-delà de la perte de temps et de concentration, la page en mémoire est l'incarnation quotidienne du syndrome d'enfermement. Le web tend de plus en plus à créer des modèles automatiques de nos comportements en ligne pour nous « faciliter » la navigation par des réponses, qui, on l'imagine, nous feront économiser de l'énergie. Ce qui a pour effet de nous renvoyer l'image de nous-mêmes, et, dans le cas de la page de mémoire, une image extrêmement éphémère puisqu'il s'agit du résumé des derniers sites visités. L'effet, en l'occurrence, est contreproductif : on gaspille le temps et l'énergie que l'on aurait apparemment voulu nous faire gagner.

Un second problème a trait au rapport entre le *design* numérique et l'éthique. Les innovations lourdes, qui changent radicalement l'ergonomie, devraient être le résultat d'une négociation avec la communauté des utilisateurs et, surtout, être facilement réversibles. En note, je vous explique comment éliminer la fonction de Safari et de Firefox, en vous faisant économiser la demi-heure de recherche que cela m'a pris pour le comprendre[1]. Il est toutefois évident que l'on ne devrait pas avoir besoin de recourir à une manipulation complexe et anxiogène à partir de recommandations écrites : une bonne pratique requiert que soit mis à disposition des utilisateurs un simple bouton qui permette de retourner à l'état précédent de la configuration. Il n'est pas non plus normal que le contrôle de qualité ne repose que sur les utilisateurs. Je ne veux certainement pas dire par là qu'il faut bloquer l'innovation dans les environnements numériques, mais il faut néanmoins penser, au moment de la conception du projet, aux conséquences et à la *possibilité de refuser l'innovation.*

1. Celle d'Apple est simple. Dans Safari, désactivez *Top Sites* (allez dans Préférences : « Ouvrir les nouveaux onglets avec », et choisissez « Page vide »). Pour désactiver les pages multiples dans le nouvel onglet de Firefox : il faut écrire dans la barre d'adresse « about:config ». Cela fait apparaître un avertissement très menaçant, étant donné que vous venez d'ouvrir la fenêtre des paramètres que les programmateurs, en général, ne laissent pas voir aux utilisateurs pour éviter les cafouillages. Cliquez sur « Je promets de faire attention ». Une liste de paramètres apparaît ; cliquez deux fois sur browser.newtab.url, et mettez à la place de « about:newtab » « about:blank » (ou, si vous préférez, ajoutez après « about » l'adresse de votre site favori). Cliquez sur OK et fermez. Je n'assume aucunement la responsabilité d'éventuelles erreurs !

Utiliser le hasard pour se protéger de la bulle informatique ?

Si le hasard prend largement part aux affaires humaines, pourquoi ne pas en faire un ingrédient des stratégies que nous utilisons pour nous informer et pour agir ? Des livres comme *Le Cygne noir* de Nassim Taleb ont tiré la sonnette d'alarme[1], en montrant qu'il peut être contreproductif de créer des modèles qui présupposent une maîtrise rationnelle du réel : à conditions égales, ce sont les événements imprévus qui font la différence, pour cette raison même qu'ils sont imprévisibles.

Rendre nos décisions en partie aléatoires est une façon de réagir face à une réalité elle-même aléatoire ; si nous sommes prisonniers de notre modèle théorique, il est bon de briser les chaînes de l'illusion. Les contrôles douaniers, par exemple, comportent souvent un élément de hasard : cela permet de corriger la tendance éventuelle à aller contrôler uniquement certains types de voitures ou certains types de faciès, tendance que pourrait déjouer celui qui, devinant certaines préférences des douaniers, réussit à se fondre parmi les catégories les moins observées.

Depuis un certain temps, j'utilise comme page d'accueil de mon moteur de recherche une page prise au hasard sur un site canadien[2] qui met en ligne des numérisations de partition de musique tombées dans le domaine public. Concrètement, à chaque fois que j'ouvre mon moteur de recherche, je suis

1. N. Taleb, *Le Cygne Noir. La puissance de l'imprévisible*, Paris, Les Belles Lettres, 2008.

2. http://imslp.org/wiki/Special:Random, visité tous les jours depuis cinq ans.

invité à découvrir l'œuvre d'un musicien (la page de ce matin : *Danses roumaines* de Dinu Lipatti ; le Lipatti pianiste fait place au compositeur). Le résultat est, en un sens, humiliant, en particulier pour un mélomane : auteurs jamais entendus, œuvres mineures d'auteurs célèbres, transcriptions au piano, musique de salon. Le monde de la musique classique que j'ai pris l'habitude d'étudier et d'écouter se montre tel qu'il est et tel que, secrètement, j'imaginais qu'il fût : la pointe d'un iceberg dont la partie immergée présente une production de qualité inégale, parfois académique, par des milliers d'individus dont les partitions n'ont pas résisté à l'épreuve du temps ou de la fortune. Le hasard les a fait sombrer ; le hasard seul peut les ramener à la surface.

Le site imlsp.org utilise MediaWiki, le moteur qui fait tourner Wikipédia, où la fonction « un article au hasard » restitue des trésors bien plus désordonnés encore, étant donné que la base de données recouvre, ou prétend recouvrir, l'ensemble du savoir humain. Mais là où l'univers de référence est bien délimité, comme c'est le cas avec les bases de données musicales ou géographiques, les archives de courriers électroniques, les agrégateurs d'actualités et les catalogues de livres, la disponibilité des fonctions de recherche au hasard peut présenter un certain nombre d'avantages. Cela peut réduire la tendance à rechercher des confirmations de ses propres préférences ; cela peut limiter l'aspect « formaté » qu'ont aujourd'hui de nombreux médias, et, enfin, cela peut éviter de se réfugier dans la bulle informatique produite par les systèmes de recommandations.

Conclusion : des recommandations pour protéger la lecture approfondie

Lors des nombreuses occasions où j'ai été amené à présenter les thématiques de ce livre, on m'a adressé ce reproche : « Le colonialisme numérique pose des problèmes bien plus importants auxquels tu ne prêtes pas attention : par exemple, le fait que nos vies sont surveillées, que nos données personnelles sont vendues et traitées de façon opaque, que les intérêts économiques en jeu créent d'énormes pressions intensifiant le contrôle social, que le *marketing* qui utilise le *Big Data* peut être terriblement efficace pour nous faire acheter n'importe quoi, que la promesse d'un monde plus démocratique, grâce à Internet, n'a pas été respectée. » C'est vrai : je n'ai parcouru que superficiellement cet ensemble de problèmes – parce qu'ils sont aussi traités dans de nombreuses publications récentes –, et je l'ai fait uniquement aux fins de mon propre argumentaire, par exemple lorsque j'ai soutenu que la migration numérique n'avait aucun sens en ce qui concerne l'exercice du droit de vote. Mon sujet est autre ; il porte sur la colonisation de notre vie quotidienne et de notre vie mentale. Le colonialisme numérique ne menace pas seulement nos droits, mais pose de très sérieux problèmes de préservation de notre intégrité en tant que personnes, capables de connaître, d'apprendre et de se développer.

En 1970, le Club de Rome avait publié un rapport devenu célèbre sur les limites du développement *(The Limits to Growth*[1]*)*. Ce texte nous alertait sur l'impossibilité, pour la planète, d'accueillir une société industrielle en continuelle expansion, et fut à l'origine d'un mouvement politique engagé sur le front de l'écologie. Je pense qu'il faudrait parler aujourd'hui des *limites de l'enveloppement*, de la frontière interne de notre esprit. Nous ne disposons pas de ressources mentales infinies ; nous ne pouvons pas « booster » notre attention, effectuer des mises à jour de notre mémoire, et encore moins de notre vie. Le colonialisme a rencontré des limites sur un front externe, et il en rencontre à présent sur le front interne.

J'ai soutenu qu'il était possible de s'opposer de façon constructive au colonialisme. Lancer uniquement des cris d'alarme ne m'intéresse pas. Cassandre ne change pas les choses. Ce qui m'intéresse, ce sont les propositions et les solutions. Pour être en mesure de négocier, il faut comprendre la structure des arguments (s'il y en a) de ceux que nous avons face à nous ; pour cela, il est indispensable de comprendre l'idéologie du colonialisme numérique. Je ne suis pas un luddiste, mais un anticolonialiste. Tout n'est pas noir ou blanc, et je vois un spectre très nuancé de positions. Les extrêmes – l'acceptation

1. *Halte à la croissance ? Rapport sur les limites de la croissance*, Paris, Fayard, 1972.

du numérique ou son refus – sont occupés, avec plus ou moins de succès, par l'une ou l'autre des pratiques en cours de migration. Au centre, se trouve un terrain disputé dans lequel errent le livre et l'école, en constante instabilité. Cet espace pourrait se révéler intéressant et riche, ou être, au contraire, une « terre vaine » ; et cela dépend de la façon dont nous parviendrons à négocier l'introduction des technologies.

Dans ce bref essai, j'ai essayé de montrer comment choisir utilement entre des parcours qui capturent l'attention et des parcours qui la protègent, en soulignant particulièrement les potentialités des systèmes éducatifs traditionnels – inertes et *low-tech* – dans un paysage social au sein duquel la technologie, aujourd'hui au service de gigantesques chaînes de distribution, colonise la vie et conquiert facilement le trésor des élèves : l'attention. La technologie s'installe là où elle le peut dans les pratiques et dans les traditions ; il n'y a en cela rien qui soit intrinsèquement bon ou mauvais : cela dépend de la qualité des traditions, et cela dépend surtout de la terre promise.

J'ai parlé du livre et de l'école parce que ce sont deux domaines où il est important d'invoquer le principe de précaution. J'ai montré en quoi le livre présentait un certain nombre d'avantages cognitifs et sociaux, parfois surprenants, étant donné qu'ils sont liés à certaines des caractéristiques que l'on décrit généralement comme des limites *(être linéaire, ne pas être hypertextuel, présenter des informations sous un format une-page-à-la-fois, être un objet d'échange social, être physiquement lourd, occuper l'espace, et ne pas informer l'éditeur de ses habitudes de lecture)*. Que le livre papier risque de devenir commercialement obsolète ne signifie pas qu'il soit obsolète cognitivement. L'écosystème du livre papier vous permet de bénéficier de tous les privilèges qu'offre un solide contrat sur l'attention, lequel est, à l'inverse, parfaitement étranger à ses succédanés numériques. Même la désillusion qu'engendrent les nouvelles technologies – *toutes* les technologies, quand elles sont nouvelles – n'est ni bonne ni mauvaise en soi. La photographie s'est émancipée ; ce n'est malheureusement pas le cas du livre, et c'est pour cette raison, comme je l'ai rappelé, qu'il faut le protéger institutionnellement. Il ne s'agit pas tant d'imaginer des économies protectionnistes que d'étudier des façons de valoriser les spécificités de la lecture *(la semaine ou le mois de la lecture à l'école, la création d'espaces temporairement privés dans les bibliothèques, l'emprunt massif, les étiquettes à annoter, la lecture à haute voix, les étagères d'échanges de livres aussi bien à l'école qu'au bureau ou dans les bibliothèques, la liberté donnée aux enfants, en classe, d'interrompre n'importe quelle activité pour se mettre à lire)*. Si la lecture nous a été volée, notre autodéfense doit être active. Et cela ne doit pas, en même temps, servir à nous culpabiliser : pour des problèmes de cette dimension et de cette complexité, les réponses individuelles doivent nécessairement s'accompagner de réponses institutionnelles.

Si c'est la lecture qui nous importe, il est évident qu'il faut protéger aussi la lecture sur écran. Le modèle de la *Sachertorte* intime de créer des cordons sanitaires autour du texte électronique *(désactiver les options par défaut qui proposent à nouveau les pages dont on cherchait à s'éloigner, déplacer légèrement la page sur l'écran de façon à faire disparaître les banderoles animées qui sont de véritables gouffres clignotants pour l'attention)*.

Protéger la lecture nous permet également de protéger l'écriture. La disparition du lecteur « profond » porte en elle la régression de la création intellectuelle : de la forme-essai, dans laquelle le temps long de la lecture permet de réexaminer ce qui est écrit, à une rhétorique propre à l'oralité, dominée par l'orchestration des battements du cœur. Si l'écrivain doit rivaliser avec les mille tentations de l'iPad, il finira par préférer le mouvement des affects à l'argumentation. Le livre n'est pas seulement un outil d'enregistrement et de communication ; il est aussi un outil d'examen minutieux, de contrôle du raisonnement.

Parler du livre à l'école nous a permis de débattre de l'école et de son rapport à la nouveauté technologique. J'ai longuement discuté de l'iPad, un modèle spécifique d'innovation, parce qu'il s'est emparé de l'imagination des gourous de la communication et des ministres empressés, nous faisant oublier qu'il ne s'agit pas simplement d'un ordinateur plus ergonomique, mais du dernier maillon, le plus important, d'une énorme et puissante chaîne commerciale. Je pense que l'on devrait réfléchir à deux fois avant d'introduire massivement à l'école une vitrine commerciale. Si ce sont les tablettes qui nous intéressent, tournons-nous vers des produits qui se contentent de fournir le matériel informatique nu, et imposons des conditions sur la présence de logiciels ouverts. N'oublions pas d'encadrer l'usage des tablettes *(la possibilité de désactiver les connexions Internet ; l'usage limité des gadgets, le respect des moments de silence, la création de nouveaux espaces de concentration, l'utilisation des tablettes à la maison et non en classe).*

J'ai suggéré que l'on pouvait, et que l'on devait, chercher dans les environnements éducatifs des occasions de soustraire aux nouvelles technologies leur aura de normativité automatique : en recyclant les technologies, en les utilisant d'une manière différente de celle imaginée par leurs concepteurs et par leurs producteurs *(les systèmes de basse technologie pour le tutorat à distance* via *SMS, le recyclage des blogs pour assister l'enseignement, l'invitation à écrire sur Wikipédia et non pas seulement en consulter les articles ou à l'utiliser pour des copier-coller)*, en les libérant donc des *design* bâclés, et en évitant, en même temps, de céder à des intérêts économiques peu transparents.

Nous n'avons aucune raison de subir la nouveauté technologique, et nous n'avons aucune raison de la réfuter *a priori*; nous pouvons toujours négocier *(demander à nos interlocuteurs de bien vouloir consulter leurs mails ou les* chats *à la fin de la réunion; donner l'exemple, en ne répondant pas au téléphone en classe!)*. La technologie doit être étudiée et affrontée avec pragmatisme et créativité, comme le font, dans le bon sens du terme, les *hackers*. J'ai essayé de montrer qu'il n'y a pas *une* solution, un comportement ou un produit *« killer »*, et ce pour la simple raison qu'il n'y a pas un seul problème (« le problème des nouvelles technologies à l'école »), et qu'il faut garder une attitude ouverte et pragmatique. J'ai consacré plusieurs pages à montrer les enchevêtrements, désormais bien connus, mais jamais suffisamment expliqués, entre l'utilisation de la technologie et les logiques de pouvoir, grandes et petites, qui se trouvent derrière les utilisations les plus simples, comme une requête adressée à Google. Expliquer cet enchevêtrement devrait être une des tâches de l'école, s'il est vrai qu'elle doit former des citoyens technologiquement responsables. J'ai indiqué enfin quelques stratégies d'autodéfense *(les recherches qui perturbent les systèmes de recommandations, l'utilisation de stratégies adoptées au hasard)*.

Dans la mesure où l'on n'a cessé de nous parler de « natifs numériques », il était temps, à mon sens, d'introduire dans la discussion une nouvelle catégorie, celle des « colons numériques ». Les colons numériques ont une mission intellectuelle : fournir des points d'appui à la pénétration de la technologie numérique dans des espaces encore vierges, en premier lieu l'école. Les colons vantent à outrance les initiatives en tous sens des ministres pressés ; ils parlent d'une « révolution épochale » qu'ils comparent à celle de Gutenberg, rien de moins. Ils avancent des arguments hétérogènes comme l'économie de papier, la dématérialisation, la plus grande légèreté des cartables sur les épaules des enfants, la nécessité de rattacher l'école à la société ; parce que, partout ailleurs on utiliserait désormais l'iPhone ou ses homologues, ils regrettent que l'école reste en recul, et rate le train électronique. Doutant, à juste titre, de la force rhétorique de ces considérations, ils n'hésitent pas à invoquer, tel un mantra, des catégories ambiguës qu'ils estiment scientifiques, comme celle de natifs numériques ou de *multitasking*. En l'absence de données qui leur soient favorables, ils nous étourdissent avec des anecdotes, en se référant à des sources de qualité douteuse.

Les natifs numériques, on l'a vu, n'existent pas : pas au sens où l'on interprète généralement cette définition ambiguë, pas au sens rigoureux à partir duquel on peut établir une analogie avec ceux qui maîtrisent leur langue maternelle. Il s'agit, au contraire, d'enfants et d'adolescents qui se sont habitués à interagir avec des écrans et des interfaces électroniques en tout genre, parce que c'est ce qu'ils trouvent tout autour d'eux, et qu'ils n'ont pas le choix. C'est une simple (et contestable) habitude, non l'aube d'une nouvelle espèce. Cette habitude ne s'accompagne pas non plus d'on ne sait quelles extraordinaires et nouvelles compétences ; elle ne donne lieu à aucune « intelligence numérique » spécifique, et les colons eux-mêmes ont quelque difficulté à nous dire précisément quelles sont les caractéristiques propres de cette prétendue nouveauté psychologique.

Et même si c'était le cas ? Et si vraiment le fait d'être habitué, depuis tout petit, à jouer avec la Playstation avait conduit les enfants et les adolescents à s'ennuyer en classe ? Il faut se demander quel est le mal, et quel est le remède. Ici les colons numériques grognent de plus belle, parce qu'ils le savent bien, eux : la faute en revient aux enseignants, nés vieux, et donc réfractaires à la « transformation ». Les enseignants seraient incapables de « s'adapter » aux habitudes des natifs : ils impriment les mails, ils ne sont pas sur Facebook, et il faut leur expliquer comment allumer le tableau électronique ; ce seraient des « gutenberguiens » paresseux. Si n'entrait pas ici en ligne de compte le parcours du combattant auquel est confrontée une catégorie de travailleurs mal payés, et qui font un travail héroïque pour nos enfants, je me permettrais quelques commentaires ironiques sur ces arguments-là. Être habitué aux chocolats et aux bonbons n'explique-t-il pas que nos enfants trouvent les fruits et les légumes ennuyeux ? Être habitué à rester dans un fauteuil ne vous rend-il pas l'exercice physique fastidieux ? Être habitué à dire des gros mots et à ne pas utiliser le subjonctif ne vous rend-il pas ennuyeux le parler impeccable de la prof de français ? On peut aussi décider de supprimer la gymnastique, les diététiciens à la cantine, et pourquoi pas l'usage du subjonctif en cours. Supprimons la salade, et tenons-nous en à une diète exclusivement à base de *Sachertorte*.

Les natifs numériques sont une fable, et la contre-preuve flagrante en est la propagation désormais irrésistible des *papis numériques*, phénomène qui semble avoir échappé aux colons.

Que vous soyez Apple, Samsung, Sony ou Google, votre cible est l'univers-monde. Vous n'allez certainement pas vous contenter des enfants et des adolescents. Vos produits sont faits pour être utilisés *même* par un enfant, évidemment : c'est la frontière du *design* total, qui rend la technologie transparente. S'il existait une intelligence numérique spécifique que seuls posséderaient les natifs, le département de recherche et développement de tous ces Seigneurs Numériques fermerait ses portes du jour au lendemain.

J'ai voulu montrer que le prix à payer d'un usage inconsidéré de slogans à succès dans le débat public est que cela finit par créer des catégories qui ne correspondent à rien. La conséquence n'est que trop prévisible : charmés par des racontars, nous n'arrivons plus à percevoir les vrais phénomènes ; nous perdons le contact avec la réalité, et nous proposons des mesures parfaitement inadéquates. Si la catégorie fallacieuse de « natifs numériques » nous amène à voir nos enfants et nos étudiants comme des êtres dotés d'une forme d'« intelligence » particulière, elle nous empêche en même temps de comprendre ce qui a vraiment changé dans leurs vies, et dans les nôtres, et elle nous fait barrage lorsque nous voulons gérer (politiquement, ou dans la vie quotidienne) le changement. Si nous pensons vraiment que nos enfants et nos étudiants ne peuvent plus se passer de leur écran tactile pour tisser des liens avec le monde, nous n'avons qu'à proposer directement d'augmenter le nombre de gadgets qui envahissent leur vie, plutôt que de le diminuer, comme il serait toutefois plus sensé de le faire. Si nous pensons que le *multitasking* a toutes les caractéristiques d'une catégorie psychologique, nous ne pouvons pas ensuite concevoir des interfaces qui protègent l'attention au lieu de l'attaquer. Le colonialisme numérique devient ici colonialisme cognitif ; on le voit aux demandes adressées à l'esprit de faire des choses qu'il ne sait pas faire, et qu'il exécute, par conséquent, sans efficacité, et comme hébété.

Les colons croient dur comme fer que la technologie améliore le rendement scolaire. Mais les rares études disponibles montrent que l'augmentation des résultats scolaires (une des rares choses vaguement mesurables) là où on a recours aux technologies à l'école présente trois caractéristiques bien tristes : cette augmentation est marginale, elle décroît à mesure que le temps passé au contact des technologies augmente, et elle est liée aux catégories socio-économiques. Si vous venez d'un milieu culturellement riche – et peut-être vous a-t-on obligé à lire et à apprendre à jouer d'un instrument plutôt que de vous donner la Playstation comme un tranquillisant –, et que l'on vous met ensuite à disposition les technologies, vous faites des étincelles. Pourquoi ? Parce que vous auriez fait des étincelles de toute façon. Pour reprendre l'observation de Kentaro Toyama : il n'existe pas de raccourcis technologiques pour une éducation de qualité.

Les colons numériques ont besoin de la fable des natifs numériques pour leur vaste projet de pénétration technologique, sans autre but qu'elle-même. Mais une fable reste une fable. La réflexion sur l'école, sur le rôle qu'elle joue dans la société, et surtout sur le rôle qu'elle a dans nos vies, mérite mieux. Parce qu'accéder à l'information n'est pas encore lire, lire n'est pas encore comprendre, et comprendre n'est pas encore apprendre. La culture de l'impatience qui anime les ministres et les hauts fonctionnaires éblouis par les colons déplace inévitablement l'attention sur des éléments plus faciles à mesurer : l'accès (combien d'ordinateurs par étudiant ?), et non pas la lecture, encore moins la compréhension, et moins encore l'apprentissage. En revanche, l'introduction du numérique à l'école doit se faire prudemment, être toujours considérée comme une expérimentation, et être soumise à des évaluations rigoureuses qui utilisent des groupes de contrôle.

J'ai beaucoup insisté sur le rôle crucial du *design*, du projet, de la conception des situations dans lesquelles nous pouvons trouver au numérique la place qui lui convient, et qui favorise davantage notre développement. Si nous considérons que le colonialisme numérique doit être décrit dans les ferrures d'une théorie du complot, nous nous privons tout simplement de la possibilité de l'affronter. Je propose, au contraire, que l'on devienne tous des *designers* : de notre temps, de la situation d'apprentissage, de nos rapports électroniques avec les autres et avec les institutions, de la qualité et de la nature des traces que nous laissons. Être *designer* signifie même être un peu *hacker*, dans le bon sens du terme : ceux qui réorientent des technologies à des fins autres que celles pour lesquelles elles avaient été programmées. C'est à nous de concevoir le *design* auquel n'ont pas su, ou pas voulu, penser les concepteurs du monde numérique.

J'ai donc soutenu que l'école et les enseignants qui en sont la sève n'ont aucune raison de se laisser intimider par la normativité automatique qu'imposent les technologies, et encore moins par le discours populiste qui demande de justifier l'instruction, et, en particulier, la colonisation technologique de l'instruction, en se basant sur les bénéfices que l'on pourrait obtenir en termes économiques ou en termes de rendement scolaire.

Jusqu'à preuve du contraire, la mission ne l'école n'est pas de courir après la nouveauté ; sa mission est d'instruire. Instruire signifie aussi donner la possibilité de savoir qu'il existe et qu'il vaut la peine de connaître de près un théorème de logique, *Les Fleurs du Mal*, ou *L'Offrande musicale*. Non pas parce que cela sert nécessairement à quelque chose, mais parce que cela fait partie de ce que les êtres humains ont su faire de mieux, et qu'il est vraiment dommage de ne pas le savoir. Dans une société qui accorde peu de place à ce qui n'est pas immédiatement utile, l'école a ici une valeur *exemplaire* : elle montre qu'il est possible de consacrer du temps à de grandes et belles choses, sans retombées économiques.

J'ai cherché à déconstruire le mythe du « maître électronique », d'un gadget ou d'une *app* qui se substituerait idéalement à l'enseignant, pour lui opposer l'idée d'une technologie à visage humain qui élargisse les horizons de l'enseignant. J'ai défendu l'idée que l'école doit, dans une certaine mesure, résister aux technologies distrayantes, précisément parce qu'elle a déjà, en soi, un immense avantage, qui est d'être un espace protégé dans lequel le *zapping* est, par définition, exclu ; avantage qui lui permettrait de ne pas courir après le changement technologique, et en même temps d'enfanter, paradoxalement grâce à ses immenses inerties, le véritable changement, qui est le développement moral et intellectuel des *individus*.

Épilogue

Et puis l'an dernier, à Heidelberg, en fouillant dans une bibliothèque d'échanges (une étagère laissée sans surveillance au milieu de la rue), j'ai retrouvé le livre de cette lointaine nuit passée à l'Alpe Devero : Erich Maria Remarque, *Un temps pour vivre, un temps pour mourir.* Je l'ai pris. Je n'avais rien à laisser en échange, et l'on ne m'a rien demandé, mais je me suis promis d'envoyer un volume au réseau des bibliothèques de Baden-Württemberg, un jour.

Remerciements

À Maurizio Ferraris, Carlo Amori, Paolo Legrenzi, Marco Santambrogio, Armando Massarenti, Iolanda Pensa, Alessandro Della Casa, Andrea Zanni, Pierluigi Ciucci, Francesco Franceschi, Daniel Andler, Gloria Origgi, Elena Pasquinelli, Gino Roncaglia, Beatrice Biagini, Nina Casati, Anni Casati, Marco Vigevani, Jacques Dubucs, Chiara Somajni, Francesco Fagioli, N'tone Edjabe, Dario Taraborelli, Dan Sperber, Marco Vigevani, Yasmina Jraissati, Tania Gianesin, Valeria Giardino, Andrea Formica, Marco Belpoliti, Maria Casati, Martino Sacchi, Goffredo Puccetti, Franck Ramus, Marco Gui, Franco Lorenzoni, Lorenzo Cantoni, le Think Tank Compas, la Fondation Lettera27, le Mangrovia Design Collective, et plusieurs centaines d'étudiants et d'étudiantes ; pour tout ce qu'ils m'ont permis d'apprendre sur les livres, l'école, et la façon de faire vivre la connaissance.

Table

Impression : Imprimerie Floch, septembre 2013
Éditions Albin Michel
22, rue Huyghens, 75014 Paris
www.albin-michel.fr
ISBN : 978-2-226-24627-1
ISSN : 1158-4575
N° d'édition : 20942/01 – N° d'impression : 85431
Dépôt légal : octobre 2013
Imprimé en France